Von Nebelfeuer und Abendwogen

Troy Dust

Von Nebelfeuer und Abendwogen
Lyrik & Prosa

Die erste Ausgabe von „Von Nebelfeuer und Abendwogen"
erschien 2004 unter dem Pseudonym duesterheit als
Taschenbuch bei BoD – Books on Demand, Norderstedt,
und ist nicht mehr erhältlich. Das vorliegende Buch wurde
teilweise neu gestaltet und beinhaltet alle Gedichte und
Texte der ursprünglichen Fassung.

Text:
Copyright © 2021 by Troy Dust

Satz + Umschlaggestaltung:
Troy Dust

www.troydust.com

Herstellung und Verlag:
BoD – Books on Demand, Norderstedt

ISBN: 978-3-7526-8431-5

2

Inhalt

Teil 3 – Sonnenspiel

Teil 4 – Nachtglanz

»Da alles Trug ist in dieser Welt,
Ist der Tod die einzige Wahrheit.«

Yamamoto Tsunetomo
›Hagakure – Das Buch des Samurai‹
Aus dem zehnten Kapitel, Kenzo Fukai

Das Blau am Nachthimmel

Es gab in jener Nacht ein merkwürdiges Leuchten hoch über dem Horizont. Es war ein blasser, ein kaum sichtbarer Hauch, der in seinem winzigen Zentrum grauweiß glühte und dann in eine dunkelblaue Tönung überging, die sich wiederum sanft im umliegenden Schwarz der Wolken verlor. Der Schein, welcher elliptisch und etwa dreimal so breit wie hoch war, trat deutlicher hervor, wenn man ihn nur aus dem Augenwinkel heraus und nicht direkt betrachtete. Da es neben der Erscheinung keine weitere Lichtquelle gab, wirkte das Bild noch geheimnisvoller, als es ohnehin schon war. Und während in der Höhe der tosende Wind dröhnte, wusste ein Teil von mir, dass es sich nicht nur um den Mond hinter den Wolken handelte, sondern um ein Zeichen: Etwas stand bevor.

Der Abendwind spielt völlig sanft

Teil 1 – Nebelreich

Der trübe Schleier
Legt sich sanft auf die Natur
Und verwandelt sie

Der Galgenfürst

Meine Schritte führten mich
Des Nachts über ein Feld
Fort von einem Gelage
Mit Gesang und Wein

Kein Silberglanz am Himmel
Nur das weite Sternenzelt
Für mich kaum sichtbar
Der dunkle schiefe Pfad

Glühwürmchen tanzten heiter
Zum fernen Festgesang
Und zum Klang der Grillen
Welcher mich umgab

Links und rechts die Ähren
Still und ruhig im sanften Wind
Eine warme Sommernacht
Duftend rein für Leib und Herz

So taumelte ich leicht
Auf dem Weg zu meinem Heim
Hinfort vom Dorf
Hinaus zum Wald

In meinen Ohren schien es fast
Als gäben die Grillen eine Melodie
Rhythmisch und immer lauter
Immer näher aus dem Feld

Ich hielt kurz inne
Warf einen Blick zurück
Doch der Pfad lag still
Im zarten Weizenmeer

Wohin ich blickte
Im schwachen Sternenlicht
Ich war allein
Auf meinem Marsch

Mal warm dann frisch
Berührte der Wind mein Haar
Ein lieblicher Schauer
Ließ mich erbeben

Die kleinen Lichter
Sie waren plötzlich fort
Und der Gesang der Grillen
Lauter denn je

Es war nicht mehr weit
Der halbe Weg lag hinter mir
Als ich erneut hielt
Nachdenklich und fragend

Meine Augen suchten geschwind
Rundherum alles ab
Doch nur Feld und Pfad
Nur Stern und Dunkelheit

Die Melodie der Grillen
Tosend und fast fürchterlich
Verstummt war das Fest
Unter ihrem Klang

Waren sie vielleicht Boten
Singend und auch lachend
Sprachen sie zu mir
Und verfluchten sie mein Herz

Gehen die Langen um
An diesem Ort
Hier im dunklen Sommerchor
Flüsterte mein Geist zu mir

Baumhoch und knochendünn
Einen Galgenstrick als linke Hand
Der rechte Unterarm sensengleich
Halsschlank der lange Kopf

Der hölzerne Orden
Des Galgenfürsten Schar
Rückte sie heran
Um mich zu rauben

Langsam setzte ich den Weg fort
Und sah mich immer wieder um
Denn wäre ich gerannt
Hätten sie mich gesehen

Bewegten sich die Bäume
Die am Horizont ruhten
Oder schlich bedrohlich
Etwas zu mir heran

Sollte diese Nacht
Meine letzte sein
Würde ich grausam enden
Am alten Strick

War das Fest vielleicht verstummt
Weil alle starben durch die Langen
Und erwartete mich im Wald
Das Ende am Holz

Von schauderhaften Gedanken
Wurde ich geleitet
Und doch erreichte ich sicher
Irgendwann mein Heim

Der Galgenfürst thront im Dunkel
Die Langen sind sein Wald
Niemand hat ihn je gesehen
Und doch schleicht er durch die Nacht

Nachtschauder

Unruhig gebettet
In schwarzem Raum
Ein junger Knabe
Wach im Traum

Regennacht und Donnergrollen
Windes Stöhnen aus dem Wald
Unterwelt empor gekrochen
Herbstes Luft furchtbar kalt

Das rechte Ohr am Kissen
Der Rücken an der Wand
Die Augen unstet tanzend
Zügellos der Verstand

An seinen Geist getragen
Schritte im feuchten Laub
Durch den festen Schnee
Aus dem kalten Winterstaub

Er hebt sein Haupt
Um zu lösen das Knirschen
Um zu verbannen sogleich
Des Unheils teuflisches Pirschen

Doch kaum liegt der Schädel
Ertönt dunkler Nachtgesang
Des Hexers Jenseitsmelodei
Des Lebens Trauerklang

Vom Throne der Nacht
Fließt leise die Sage
Mit Großmutters Stimme
Wispert die Klage

„Hüte Dich des Nachts
Vor dem Fensterglas
Denn etwas geht um
Und schleicht durch das Gras"

„Es haucht Dir Neugier ein
Lockt Dich zu einem Blick
Und zieht um Dein Leben
Einen festen Galgenstrick"

„Denn wenn nahe dem Nichts
An der Scheibe Dein Gesicht
Aus der Finsternis heraus
Das wilde Grauen bricht"

„Mit den Schlangen im Antlitz
Fällt es Dich rasend an
Um zu füllen Deine Kehle
Zu fressen die Augen dann"

„Namenlos der Schauder
Wurmgesichtig die blutige Wut
Langsam und grauenvoll
Entfacht des Todes Glut"

„Und wenn Du in Deiner Kammer dann
Leblos am Boden bist
Schleicht der Dämon hinfort
Nach seiner höllischen List"

„Drum scheue ein jeder
Fenster und Tor
Zur nächtlichen Stunde
Sieh Dich vor"

Mit diesen Worten
Die Erinnerung entgleitet
Und in des Kindes Ohr
Das widerliche Wesen schreitet

So dreht es sich
Auf den Rücken geschwind
Sieht über sich Schrecken
Obwohl nachts ganz blind

Tanzende Fratzen
Und tote Leute
Wurmgrauens Treiben
Und blutige Beute

Über den Kopf
Zieht der Knabe die Decke
Ein schützender Burgwall
Eine dornige Hecke

Das traurige Lied im Gebälk
Und des Sturmes Lachen
Lassen immer wieder
Neues Entsetzen erwachen

Schleppt sich etwas durch die Nacht
Um nach seinem Leib zu streben
Oder ist es schon bei ihm
Es lässt sein Herz erbeben

Und so schaudert das Kind
Ohne sich zu regen
In seiner kleinen Kammer
Wartend auf den Morgensegen

Die Sage aus den Winterbergen

Sie geht schon immer heimlich um
Die Sage aus den Bergen
Wo sie irgendwo zugegen sind
Des Winters weiße Schergen

Von irgendwo weit oben dort
Aus den tiefen Wäldern
Schleichen sie des Nachts herab
Zu den brachen Feldern

Das Totenfeuer zieht mit ihnen
Des Winters wahrlich kalte Glut
Aus dem Schnee wie Knochenstaub
Des Frostes steinern raue Wut

Wehe dem der sie erblickt
Er verfällt dem dunklen Grausen
Und seine Schreie bleiben ungehört
In des Windes Brausen

Tosend wird der Leib gepackt
Man sieht ihn niemals wieder
Doch man erinnert sich an ihn
Beim Klang der alten Lieder

Denn wo die Bäume ragen hoch
In weißer Anmut und in Pracht
Dort irgendwo verenden sie
In der ewig kalten Wintersmacht

Wandersmann so hüte Dich
Vor der gar zornigen Dunkelheit
Verlasse spät das Wirtshaus nicht
In der fürchterlichen Winterszeit

Viele Leben gingen schon
Verweht wie ein Pfad im Wind
Drum alle die den Schrecken kennen
Am Abend in ihren Häusern sind

Hoffnungslos ist man verloren
Wenn der Blick am Abgrund ist
Dorniges Eis auf allem liegt
Und die arme Seele frisst

Solltest Du doch einmal irren
Einsam verloren zu später Zeit
Eile schnell in den nächsten Ort
Die Henker sie sind nicht sehr weit

Und hast Du ihren Ruf vernommen
Der frostig steigt hinauf zum Mond
Flüchte nur so schnell zu kannst
Vor dem Feuer das in den Bergen thront

So erinnert Euch zu jeder Zeit
An dieses kleine Lied
Vom Totenfeuer des klaren Winters
Das mit den weißen Wölfen zieht

Am Wasserbecken

Sie stand an der schmalen Seite des Beckens und blickte hinab in das dunkle Wasser, welches in seiner Ruhe endlos kalt wirkte. Da es nur ab dem Frühjahr bis zum Ende des Sommers gepflegt und gereinigt wurde, hatten sich an den gerade abfallenden Wänden Algen gebildet, während auf der Oberfläche zahlreiche Herbstblätter trieben, die sich auch auf dem umliegenden Rasen befanden, und von denen immer wieder das eine oder andere still und unbemerkt im Nichts verschwand. Es war so finster, dass man nicht sehr tief blicken und den Grund nur erahnen konnte, obwohl das Wasser recht klar war.

Der trübe Morgen ließ sie in ihren Gewändern zittern, da in der vergangenen Nacht der erste Frost die warme Jahreszeit verabschiedet hatte. Das satte Gras lag nun von einem feinen Eishauch bedeckt da, während sich an einigen Stellen der weitläufigen Gartenanlage Dunstschwaden am Boden bewegten. In der Ferne hingegen verlor sich zunehmend alles im Nebel; die Wälder jenseits der Mauern des Anwesens waren nur noch dunkle, blaugraue Schemen, was den geisterhaften und unwirklichen Eindruck, der den Wäldern in dieser Gegend selbst an hellen Tagen anhaftete, verstärkte. Diese Stimmung war auf die einsame Lage und die Moore zurückzuführen, von denen es in der Umgebung mehrere gab und um welche sich so manche Gruselgeschichte rankte.

Das graubraune Granitbecken lag mit seinen schmalen Seiten parallel zum Herrenhaus und war rund fünf Meter breit, fünfzehn Meter lang und drei Meter tief. Die etwa zwanzig Zentimeter starken Wände waren eben geschlagen, aber nicht glatt geschliffen, verfügten über abgerundete Ecken und schlossen genau mit der Oberkante der Erde ab, womit sie sich nahtlos in das Bild des Gartens einpassten. Außer an der kurzen Seite, die dem Haus zugewandt war, war das Becken von Bäumen umgeben – Ahorn und Buche –, die jeweils zirka zwei Meter vom Rand entfernt und vom Abstand her untereinander gleichmäßig aufgeteilt waren, so dass sich eine angenehme Optik ergab. Die Kronen bildeten im Sommer ein wundervolles Blätterdach, in dem Vögel sangen und welches ein zauberhaftes Spiel von Licht und Schatten auf das Wasser warf.

Sie fand es sehr schön. Sie konnte das Wasser beobachten, nachdenken und träumen, sie konnte entspannt in einem Buch lesen, ihre Staffelei aufbauen und malen, an heißen Tagen Abkühlung finden und im Winter über das Eis gleiten. Sie konnte aber auch nur verweilen, ohne etwas zu tun, und ihrem Geist und ihrer Seele Ruhe gönnen, von der es – wie durch eine magische Fügung – an diesem Ort mehr als genug gab. Daran konnte auch die Tatsache nichts ändern, dass sie von dem Vorfall wusste, der sich vor vielen Jahrzehnten hier am Becken zugetragen hatte.

Der damalige Besitzer dieses überaus prachtvollen Stückchens Erde hatte sich eines Tages ohne jegliche Vorwarnung am zweiten Baum auf der rechten Seite erhängt und zugleich den Grund für diese Tat mit in sein Grab genommen. Zwar hatten sich zahlreiche Personen mit dem Fall befasst, doch niemandem war es auch nur ansatzweise gelungen, einen Hinweis darauf zu finden, was ihn letztendlich dazu veranlasst hatte, ein Seil zu knüpfen und den letzten Weg zu gehen. Mit den Jahren entstanden aus den vielen Vermutungen regelrechte Schauergeschichten, die – man konnte es nicht abstreiten – immer wieder dazu verleiteten, sich Gedanken zu machen, nach Gründen zu suchen oder neue Details in die bestehenden Gerüchte einzuflechten.

Ihr machten die Erzählungen vom umgehenden Geist und dem angeblich seither auf dem Haus liegenden und lediglich schlafenden Fluch keine Angst. Sie wollte gar nicht daran denken, wie viele Menschen ahnungslos in Häusern lebten, deren Wände schon Grausamkeiten gesehen hatten, die einen Mord mit einem Beil wie eine sanfte Kerzenflamme wirken ließen. Natürlich bot die gesamte Atmosphäre genügend Spielraum, um anfällige Personen in den Wahnsinn zu treiben, aber sie zählte nicht zu ihnen. Sicher, auch sie hatte ihre schwachen Momente, in denen ein Schatten ihr Herz schneller schlagen ließ, in ihren Augen jedoch gab es keinen Anlass, der den Zorn der Unterwelt dazu verleitet hätte, ihr das Leben zur Hölle zu machen. Und so nahm sie den Freitod des Mannes und die damit verbundenen Erfindungen hin, ohne sich bei ihren Ausflügen im Garten oder in den Räumen verunsichern zu lassen.

Sie hob ihren Blick und sah sich fröstelnd um. Alles wirkte in der schweren Stille leblos und unheilvoll lauernd, so als würde die Ruhe nur der Vorbote für etwas Unbekanntes sein. An jeder anderen Stelle hätte sie in diesem Augenblick möglicherweise einen Anflug von Ängstlichkeit gehabt, doch nicht am Wasserbecken. Obwohl es auf der einen Seite unheimlich schien, strahlte es auf der anderen eine Sanftheit aus, die beinahe in eine Verlockung überging, die sie sich nicht erklären konnte.

Nach einiger Zeit wandte sie sich schließlich gedankenverloren ab, um zurück ins Haus zu gehen, da sie die unangenehme Kälte bereits durchgefroren hatte. Vielleicht würde sie den Nachmittag hier verbringen, wenn es das Wetter zuließ, um sich mit der alten Geschichte zu befassen, die auch sie nicht mehr loslassen wollte. Oder sie würde auf das Wasser schauen und die bunten Blätter betrachten, nur um die frische Luft zu genießen; sie war sich aber noch nicht sicher, wie sich die Dinge ergeben würden.

Winterliches Abendlied

Höre Kind die alte Klage
Vom Winterfrost im tiefen Wald
Die Unterwelt speit raue Winde
Die Totenfeuer brennen kalt

Der ewige Fluch der Nachtgedanken
Liegt trauerschwer am harten Grund
Die Untoten streben lautlos empor
Aus dem schauderhaften Höllenschlund

Die rostigen Ketten brechen
Und entfachen die unheilige Glut
All derer die grundlos starben
Und auferstehen mit grimmiger Wut

Hörst Du die Posaunen tönen
Die Hörner der fernen Nebelmacht
Siehst Du die glänzende Finsternis
Die schleichend am Horizont erwacht

Wenn des Tages Angesicht
Langsam erstickt im Flammenmeer
Laufe um ihr zu entkommen
Der stillen Nacht ohne Wiederkehr

Die fahlen Klauen packen Dich
Und ziehen Deinen Leib nach unten
Hinab ins eisige Reich des Grauens
In die dornenumrankten Herzenswunden

Blindheit wird Dich strafen
Deine Stimme wird vergehen
Während Qualen Dich zerreißen
Und zornig faule Winde wehen

Eines Tages dann im Winter
Wirst auch Du dem Schnee entsteigen
Unwissende an den Händen nehmen
Und ihnen all die Schrecken zeigen

Der Nachthirte wird Dein Gott
Die Winterberge sein Weltenthron
Nacht wird Mutter, Frost der Vater
Und Du willenlos der blasse Sohn

Drum hüte Dich vor den Mächten
Deren Heim die Schatten sind
Behalte in Dir meine Worte
Und nun ruhe sanft mein braves Kind

Nebelschemen

Allein ich dachte in
Meiner Kammer so dahin
Dachte nach wer ich bin
Forschte nach meinem Sinn

Und während ich so gedacht
Sich senkte das Tuch der Nacht
Über alles und mit Macht
Verblasste des Tages Pracht

Zu vorgerückter Stunde dann
Kam ein Unwetter auf und begann
Zu ziehen mich in seinen Bann
Am Fenster nun der Regen rann

Während des Donners Grollen rief
Mich ein Schauder überlief
Knarrte das Gebälk gar tief
Neigte der Nachtwind Bäume schief

So wurde mein Geist getragen
Ich wollte es erst nicht wagen
Angst und Neugier auf mir lagen
Ans Fenster hin zum Donnerklagen

Aus den weiten Wäldern flossen
Schemen hervor und ergossen
Sich im Donnerlicht und genossen
Das Spiel mit mir ganz unverdrossen

Eilig mein Schritt mich brachte
Während Furcht mein Herz belachte
Zum Kamin und neues Holz entfachte
Das Feuer über das ich wachte

Unheilvoll im Flammenlicht
Überall Schattentanz in Sicht
Und sogleich ich war erpicht
Zu prüfen ob das Tor war dicht

Der Riegel lag schwer davor
So dass ich nicht gänzlich verlor
Den Verstand als sich an mein Ohr
Etwas setzte dort am Kammertor

Des Windes Heulen schrecklich gar
Brausen und Tosen sonderbar
Wie entsandt vom Totenzar
All das Grausen bei mir war

Mein Blick unruhig wanderte umher
Die Schwärze wirkte nun viel mehr
Bedrohlich und ohne Wiederkehr
Trieb ich hinaus auf das Trugbildmeer

Faule Gesichter und Dornenranken
Ließen meine Sinne wanken
Während die Toten im Blut versanken
Entleibt gar jäh von Dämonenpranken

Schnell ich den schweren Sessel hob
Vom Kamin weg ich ihn schob
Gegen die andere Türe grob
So dass etwas Ruhe war mein Lob

Anstatt mich zu setzen nieder
Lief ich ans Fenster und wieder
Durchdrang ein Schauder meine Glieder
Meine Brust in des Schreckens Mieder

Eine gar dichte Nebelwand
War aufgezogen und das Schattenland
War verhüllt und mein Verstand
In tiefster Unruhe sich befand

Unvermindert tobten Donner und Regen
Zuckten Blitze und fern der Segen
Denn ich sah sich etwas regen
Im trüben Nichts war es zugegen

Waren es die Toten in ihrem Hauch
Im wispernden Wind ein alter Strauch
Oder des Verstandes unheiliger Brauch
Zu füllen mit Unbehagen meinen Bauch

Ein kurzer Blick zurück mir sagte
Die Kammer war leer und ich wagte
Eine Idee und ich fragte
Ob draußen das Böse tagte

Wann würde es dringen
Herein zu mir und mich zwingen
Im Schmerz qualvoll zu singen
Und mit dem Wahnsinn dann zu ringen

Wann würde der Kamin erkalten
Sich aus der Asche entfalten
Dunkelheit und grausam walten
Im Zeichen der namenlosen Alten

Würde das Unheil lauern
Die Nacht wartend überdauern
Dann brechen aus seinen Mauern
Und mich töten ohne zu trauern

Was ewig ist und ewig war
Was Schrecken ist und ihn gebar
Wird steigen herauf mächtig gar
Ob ich mich biete oder nicht nun dar

So ergriff ich meinen letzten Mut
Beflügelt auch von etwas Wut
Da eine Flucht vor dieser Brut
Hätte nur gestärkt ihre Mordlustglut

Ich hob den Riegel weg vom Tor
Und am trüben Nichts ich verlor
Die Angst und trat weiter hervor
Mit dem fernen Grollen in meinem Ohr

Mit letztem Stolz ich lief hinaus
Entfernte mich vom schützenden Haus
Um mich herum nur dunkler Graus
Der die Hoffnung mir trieb aus

Vom eisigen Winde umgeben
Erwachte der Nebel zum Leben
Ließ sanfte Berührungen streben
Zu mir und meinen Leib erbeben

Lieblicher Frühlingsregenduft
Schwebte hauchzart durch die Luft
Begleitet vom Erdgeruch einer Gruft
Meine Angst erschien mir als Schuft

Zauberhaft geleitet wurde ich
Von Zärtlichkeiten die umspielten mich
Hinweg ohne dass der fürchterlich
Dichte Nebel dem Wege wich

Es führte in des Sumpfes Land
Geleitet von gar magischer Hand
Doch dann der Zauber schwand
Einsam am Moorwasser ich nun stand

Unsagbares brach plötzlich hervor
Aus dem Sumpf und ein Tor
Öffnete sich und ich verlor
Mich in purem Chaos wie nie zuvor

So denn verfluchter Dichtersmann
Dessen Feder tief in meinem Bann
Ende nun so dass ich kann
Dich locken hinaus ins Moor alsdann

Die Qualenmaid

Vom Dornenthron hernieder
Sinkt das Grauen zu mir heran
Mitternächtlich wie Jenseitslieder
Nebeltanz im Schattenbann

Schemen umspielen den Lampenschein
Welcher trüb leuchtet in der Dunkelheit
Der Kutscher vorn und ich allein
Im leichten Regen zur Geisterzeit

Zu meiner Rechten im Nebelfeuer
Erhebt sich finster der weite Wald
Und zur Linken mir nicht geheuer
Liegt das faule Moor gar kalt

Wispert aus den Galgenwäldern
Der Hexer schon leis' zu mir
Oder erwacht in den sumpfigen Feldern
Eine unheilvolle Totengier

Ist sie irgendwo da draußen
Um zu streben nach meinem Leib
Jene an die ich denk mit Grausen
Die blasse schöne Qualenmaid

Die Pferde folgen schnell dem Pfad
Stürmen voran mit ihrer Kraft
Es scheint als fühlen sie das Grab
Das langsam in meinem Herzen klafft

Das Ziel der Reise ist noch fern
Ich treibe auf dem Schreckensmeer
Verborgen wie die hellen Sterne
Wandle ich ohne Wiederkehr

Höre ich das wundersame Lied
Den bezaubernd süßen Klang
Der schon viele in den Tod fort trieb
Hinab in ihren Untergang

Ist der Kutscher willenlos ergeben
Diesem magischen Dämonenchor
Wird er zu meinem Ende streben
Durch das endlos alte Knochentor

Singt sie irgendwo da draußen
Zeigt sie ihren nackten Leib
Dessen Anmut verdeckt das Grausen
Der betörend schönen Qualenmaid

Ich schlage vorn an den Wagen
Um zu ergründen was geschieht
Vernehme mein inneres Klagen
Dessen Strick sich um mich zieht

Unversehens bemerke ich
Wie langsam doch die Kutsche wird
Gedanken kreisen fürchterlich
Während jede Lampe klirrt

Ich halte inne voller Fragen
Lausche still dem Regenwind
Fühle Ängste an meinem Herzen nagen
Die überall nun bei mir sind

Ich steige hinaus in die schwarze Nacht
Wo weder Mensch noch Tier
Etwas hat sie fortgebracht
Nur der Nachtfluch ist noch hier

Wandelt sie zu mir da draußen
Sich verzehrend nach meinem Leib
Bringt sie zu mir tiefes Grausen
Die kühle schöne Qualenmaid

Langsam schreite ich am Wagen vor
Lasse mich vom Holze leiten
Der Boden gleicht einem kleinen Moor
In meinem Kopf nur Grausamkeiten

Rechts von mir da spüre ich
Aus dem Walde fremde Blicke
Aus der anderen Welt so schauderlich
Wo ich häng' am Galgenstricke

Aus dem Sumpfe wird zu mir getragen
Ein eisig klarer Wind
Dort wo Dämonenklauen zum Himmel ragen
Und die bodenlosen Wasser sind

Werden die Toten auferstehen
Um grimmig wild zu hetzen
Um auf Seelenjagd zu gehen
Und mich tödlich zu verletzen

Ist irgendwo da draußen
Das Begehren nach meinem Leib
In dessen Augen das tiefe Grausen
Das der wunderschönen Qualenmaid

Nur Finsternis kann ich sehen
Hier in dieser Einsamkeit
Wohin nur soll ich gehen
Fern ist jede Sicherheit

Ob aus Sumpf oder Wald
Mein Gefühl es mir anvertraut
Es wird schon bei mir sein sehr bald
Das vor dem mir furchtbar graut

So sinke ich verloren
Hinab auf den nassen Grund
Und fühle mich auserkoren
In dieser schrecklichen Jenseitsstund

Ich blicke zum Himmel hoch empor
Der sternenlos im Nichts dort lebt
Vernehme leis' den Unterweltenchor
Dessen Schar tot zu mir strebt

Ich erwache und blicke nach draußen
In der Kammer ruht mein Leib
Und dann erkenne ich mit Grausen
Neben mir die schöne Qualenmaid

Sie spricht zu mir im Flüsterton
Kalte dunkle Zeilen
„Ich stieg herab von Dornenthron
Und werde bei Dir weilen"

Ihr Körper ist so wunderbar
Makellos und völlig rein
Liebreizend und doch sonderbar
Der Nacht unheimlich trüber Schein

Der Liebesakt ist verblasst
Mein Geist von Angst erfüllt
Das Schauderland hat mich erfasst
Und in faulen Hauch gehüllt

So sehe ich den Dornenthron
Dort im toten Rosenfeld
Mein Streben es hat seinen Lohn
Fern des Horizontes dieser Welt

„Ich sank hernieder von dort draußen
Ich liebe einzig Deinen Leib
Ich werde Dir schenken tiefes Grausen
Denn ich bin die Qualenmaid"

Teil 2 – Morgenwind

Ein Vogelbad steht
Still verlassen im Garten
Ein zartes Blatt treibt

Die Erzählung von der kleinen Phantasie

Am Rosentor zum Frühlingsweg
Blüht eine kleine Phantasie
Der Nichtswind trägt sie fort
Völlig sanft wie vorher nie

Durch den farbenfrohen Elfenwald
Die ruhige Reise gleitet
Bevor an des Sonnenlichtes Rand
Das Trauerwolkenreich sich weitet

Das feuchte Nebelfeuer im Galgenwald
Und der gar leise Strickgesang
Locken immer wieder Wandersmänner
Hinfort in ihren Untergang

Doch jenseits diesem Dunkel
Thronen die Burgmauern im Abendglanz
Am Horizont die entschwebende Sonne
In einem lodernd hellen Flammentanz

Sternenhimmel und der Mond
Behüten die taubenetzten Wiesen
Während Traum und Hoffnung in der Nacht
Durch Birkenhaine fließen

Im Frost des Morgens
Verweilt still der Dornengrund
Während sich die Gedanken lösen
Langsam aus des Nachthirten Bund

Fern der trüben Sumpflandschaft
Und der Irrlichter Vergänglichkeit
Verblasst finsteres Truggebilde
Wo der Regenbogen majestätisch weilt

An eine weiße Blüte zart
Dort am roten Frühlingstor
Setzt sich der gelbe Schmetterling
Und träumt wie nie zuvor

Papier und Feder – Der Lauf der Dinge

Mir fällt eben auf, dass das Gras im Schatten der Eiche zu leuchten scheint. Es liegt zwar im Gegensatz zu dem grünen Streifen, der das vor mir liegende Feld umgibt, im Dunkel, wirkt dafür aber kräftiger. Das bezieht sich nicht unbedingt auf die Stärke der Farbe, sondern auf den Schein, der davon ausgeht und der einem inneren Glühen gleicht. Es ist wundersam – und wunderschön.

Ich mag diesen kleinen Hügel, wie er aus dem Wald tritt und sich mit dem alten Baum, der mitten auf ihm wächst, vom Rest der Gegend abhebt. Es ist fast so, als wäre der Riese mutig als Einziger nach vorn getreten, um zu sehen, was es außerhalb des Waldes gibt. Sein Blätterdach ist so gewaltig, dass kein Lichtstrahl von oben sichtbar den Boden berührt, wie es sonst überall in der Umgebung der Fall ist, egal wie sehr der Wind durch die Krone rauscht und die Zweige und Äste wiegt.

Ich kann selbst heute noch stundenlang hier sitzen und über das Feld blicken, den Geräuschen des Waldes lauschen und mich in meinen Träumen verlieren. Im Laufe der vielen Jahre haben sie sich zwar zum Teil gewandelt, an ihrer Stärke haben sie jedoch nichts verloren. Fast scheint es mir, als wären sie intensiver denn je. Das liegt vielleicht nur am Lauf der Dinge, denn was ist schon ein Traum in jungen Jahren? Man hat noch das ganze Leben vor sich und die Möglichkeit, nahezu alles zu erreichen und sich nahezu alles zu erfüllen. Aber wenn man – wie ich – bereits alt ist und froh, noch so gesund zu sein, um eine Wanderung wie diese zu dem Hügel hier zu unternehmen, dann erkennt man unweigerlich, dass die Zeit abgelaufen ist, um große Dinge anzugehen. Man kann sich nur noch in Träume flüchten, denn die Wirklichkeit verblasst mit jedem Tag mehr und mehr – jedenfalls habe ich den Eindruck.

Man soll nun nicht denken, dass hier ein alter Mann sitzt, der trübsinnig seinen verpassten Chancen nachtrauert und sich über seine begangenen Fehler aufregt, die er ohnehin nicht mehr ändern kann, denn so ist es keineswegs. Es steht außer Frage, dass das Leben und die Welt nicht nur aus Sonnenschein bestehen, ebenso wenig aus undurchdringlich finsterer und nicht enden wollender Nacht. Wenn man mittendrin ist, ist man irgendwie unweigerlich dazu geneigt, einen Großteil der Umstände negativer zu werten, als man sie im Nachhinein mit dem nötigen Abstand sieht – wie gesagt, nicht alle. Ob das tatsächlich an speziellen Erbanlagen unserer Rasse liegt oder einfach nur Lebenserfahrung ist, das kann ich nicht sagen. Ich möchte jetzt nicht selbstgerecht wirken, denn wer mich kannte und kennt, der weiß, was ich vom Menschen halte; ich bilde da keine Ausnahme. Aber ich werde in naher Zukunft sterben, was ich mir auch verdient habe, um es offen zu sagen. Und ich bin froh darüber, denn die Welt wird immer grässlicher und unbehaglicher, wobei man sich angesichts dessen wirklich nur noch in Träume und schöne Erinnerungen flüchten kann.

Leider haben Erinnerungen die Eigenschaft, mit zunehmendem Alter immer undeutlicher zu werden, farblos und verwässert. In diesem Fall gleichen sie sehr den Gefühlen, denn mit ihnen kann es ebenfalls so sein. Nehmen wir ein Beispiel: Ein lauwarmer Sommerabend an einem Lagerfeuer irgendwo am Rand eines Sees. Man kann bei einer Flasche Wein versuchen, das Gefühl in Worte zu fassen und diese zu Papier zu bringen, doch am nächsten Tag wird man mit hoher Wahrscheinlichkeit während des Lesens nur noch eine abgeschwächte Form der Eindrücke spüren – wenn überhaupt. Man weiß, dass da etwas war, aber man kann es nicht näher beschreiben und sich nicht wieder in seiner ursprünglichen Art zurück ins Gedächtnis und ins Herz rufen. Es bleicht alles aus, wie ein Gesicht, das im Geiste zu einem Schemen wird und welches man daher niemals mehr richtig zeichnen könnte. Man kann lediglich versuchen, die Eigenschaften der Person nicht zu vergessen und die Bedeutung dieses Menschen für einen selbst. Und das wiederum trifft in unveränderter Art und Weise auch auf unsere Gefühle zu. Was war besonders schön an jenem Abend? Wie war die allgemeine Stimmung? Welche Lieder wurden gesungen? Welche Themen diskutiert?

So traurig es auch anmuten mag, man kann sich davor nicht verstecken. Wir leben und die Zeit vergeht wie ein Windhauch. Ab und an kann es windstill sein, aber dann kommt wieder ein Sturm, der uns vorantreibt. Das ist der Lauf der Dinge.

Ich bemerke gerade, dass sich die Feder auf dem Papier einmal mehr selbstständig gemacht hat, obwohl ich sie in meiner Hand halte und normalerweise unter Kontrolle haben müsste. Ich wollte eigentlich nur eine kleine Notiz machen, um die Gegend nach all den Jahren zu beschreiben, bin aber offenbar wirklich weit abgeschweift. So etwas passierte mir schon immer, ob der Zeitpunkt dazu nun gut war oder nicht.

Ich werde jetzt jedoch aufhören und lieber etwas auf den vorderen Seiten blättern und lesen, nur um zu ergründen, was sich dort so verbirgt, denn immerhin sind es mehr als 50 Jahre, die durch die Zeilen strömen. Und vielleicht ist heute meine letzte Gelegenheit, um das zu erblicken, was andere eventuell sehen: Wer bin und wer ich war.

Gedanken
Sie ziehen dahin
Und vergehen.
Wie das Leben.

Der Feuerahorn

Es gibt außerhalb des Dorfes Wiesen, die sich bis zum Horizont erstrecken und auf deren flachen Weiten lediglich sattes Gras wächst. An windstillen Tagen kann man dort sogar das Rauschen des Meeres und die Rufe der Möwen hören. In einiger Entfernung zu den hohen und steilen Klippen erhebt sich ein kleiner Hügel, auf welchem ein Feuerahorn steht, der sich deutlich vom Bild der Umgebung abhebt und trotz der rauen Bedingungen kräftig und beinahe völlig gerade gewachsen ist. Noch ungewöhnlicher als das ist jedoch der steinerne Krieger mit Flügeln, der vor dem einsamen Baum ruht und dem Meer zugewandt ist.

Der Krieger, welcher aus einem bräunlichen Stein geschlagen ist, hockt ohne ein Fundament auf der Erde, wobei er auf seinem rechten Knie ruht und das linke Bein angewinkelt hat. Sein linker Unterarm liegt auf seinem linken Oberschenkel, während er mit der linken Hand den Griff seines Katana umfasst, dessen Scheide er mit der rechten Hand seitlich am Körper hält. Das Schwert, das fast parallel zum Boden ausgerichtet und rund einen Zentimeter aus der Scheide gezogen ist, ragt so weit nach hinten, dass es nur noch etwa fünf Handbreit vom Baumstamm entfernt ist. Der nackte Oberkörper des Kriegers ist nach vorn geneigt und sein ausdrucksloses Gesicht blickt schweigend ins Nichts, das schräg vor ihm am Boden zu liegen scheint. Seine langen Haare sind zu einem kunstvollen Zopf geflochten, der in der Mitte seines Rückens liegt und bis zu seinen Nieren reicht. Er trägt eine weite Hose, die wie ein Kleid im Gras liegt und seine Füße verdeckt; sie ist mit kunstvollen Blättermotiven verziert, wie auch die Schwertscheide, und weist eine fächerähnlich gearbeitete Oberflächenstruktur auf. Die mächtigen Flügel sind zu den Seiten hin geweitet und erwecken den Anschein, als würde der Krieger sogleich in die Lüfte aufsteigen.

Die gesamte Arbeit wurde mit einer derartigen Liebe und Sorgfalt ausgeführt, dass man den Eindruck bekommt, tatsächlich einen versteinerten Krieger mit dem Körper eines jungen, sportlichen Mannes zu sehen, denn selbst die Iris der Augen ist klar zu erkennen. Die Oberfläche der aus einem einzigen Block gearbeiteten Skulptur ist vollkommen glatt, auch wenn sie durch die Jahre deutlich an Glanz verloren hat und an einigen Stellen von Moos bedeckt ist.

Man erzählt sich, dass es einst ein Mädchen gab, das immer wieder zu dem Feuerahorn ging, um sich unter den Baum zu setzen, ihm Gesellschaft zu leisten, da er so allein war, mit ihm zu sprechen und auf das Meer zu blicken. Die Dorfbewohner konnten sich nicht erklären, was an diesem verlassenen Ort so anziehend sein sollte, hatten aber auch nichts gegen diese Eigenheit. Wenn das Mädchen nachmittags zum Dorfrand lief, so wusste jeder, wohin der Weg führte. Man sagte dann stets: „Du gehst wohl wieder auf den Hügel? Sei bitte vorsichtig, denn die Klippen sind gefährlich!"

Eines Tages, es war im Herbst, erkrankte der kleine Bruder des Mädchens unerwartet an einem Fieber, das mit keinem Mittel zu senken war und dessen Ursache sich niemand erklären konnte. Das Mädchen begann daraufhin, jedes einzelne Blatt, das der Wind abgerissen hatte, zu sammeln und am Fuße des Baumes zu vergraben, um es so der Erde und dem Ahorn wiederzugeben. Dabei wünschte es sich von ganzem Herzen, dass der Bruder wieder gesund werden würde, da er noch sein gesamtes Leben vor sich hatte. Als irgendwann alle Blätter des Baumes wieder im Schoß der Erde lagen, senkte sich das Fieber auf die gleiche mysteriöse Weise, mit der es gekommen war. Nach einigen Tagen war der Bruder wieder genesen und nichts erinnerte mehr an die schweren Zeiten zwischen Leben und Tod, Hoffen und Bangen. Aus Dankbarkeit über dieses Wunder sammelte das Mädchen fortan jedes abgefallene Blatt, um es sorgsam in das Erdreich zu legen.

Und so vergingen die Jahre. Während das Mädchen größer wurde und zu einer jungen, schönen Frau heranwuchs, besuchte es unvermindert oft den einsamen Baum draußen vor den Klippen, um seine Gedanken mit ihm zu teilen. Es waren zunehmend andere Gedanken als in den Kindertagen, die innerliche Zuneigung hingegen, die sie mit dem Baum verband, wurde davon in keiner Art berührt.

Irgendwann trug es sich zu, dass ihr im Sommer ein Landstreicher auf dem Hügel begegnete. Es war zwar sehr selten, dass sie nicht allein dort war, aber für sie war es auch nichts wirklich Außergewöhnliches. Ab und an kamen Wandersleute vorbei, Familien auf einem Ausflug oder einfach nur ein Bauer aus der Gegend, der sich nach seiner verrichteten Arbeit etwas ausruhen wollte. Während bis zu jenem Sommer alle friedlich gewesen waren, trachtete der Landstreicher jedoch nach einer Schandtat; er packte sie und zwang sie mit Gewalt zu Boden. Sie schrie um Hilfe, doch der Wind trug ihre Stimme ungehört hinaus auf das Meer, denn es war weit und breit niemand, der ihr hätte helfen können. Der Landstreicher, in dessen Augen ein unheilvolles Feuer brannte, zerriss ihre Kleider, was sie trotz ihrer Schläge und Fluchtversuche nicht verhindern konnte, da sie gegen die Kräfte des Mannes machtlos war.

Plötzlich aber senkte sich aus der Baumkrone ein Schatten herab, der sich auf beide legte. Der überraschte Landstreicher sah auf und erblickte entsetzt einen geflügelten Krieger, der dem Baum entstieg und dabei sein Schwert zog. Der Mann ließ noch im gleichen Moment von der Frau ab und ergriff die Flucht, sich immer wieder nach hinten umsehend, da er nicht glauben konnte, was sich ereignete. Der Krieger weitete am Boden seine Flügel und folgte dem Landstreicher mit gezogenem Schwert, um ihn zu den Klippen zu treiben. Bevor der Verbrecher dort letztendlich ins Nichts trat und auf den Felsen in der Tiefe zerschellte, trennte ein sauberer Hieb mit unvergleichlicher Leichtigkeit und sanfter Anmut den Kopf von seinen Schultern.

Die weinende Frau, die versuchte, die zerrissenen Kleider am Leib zu halten, sah in der Ferne gerade noch, wie der Krieger sein Schwert senkte, bevor das Bild von den Tränen verwässert und unklar wurde. Als sie sich nach einiger Zeit etwas beruhigt hatte, blickte sie sich zitternd um, doch von dem Retter fehlte jede Spur; nur das Rauschen des Windes und sein Spiel mit dem Meer und den Ahornblättern war zu vernehmen.

Sie lief ins Dorf und berichtete vom dem Vorfall. Einige Männer suchten daraufhin den Körper des Landstreichers, welchen sie nach wenigen Stunden fanden. Da der Kopf eindeutig mit einem Schwert abgeschlagen worden war und sich zu der entsprechenden Zeit niemand sonst bei dem Hügel aufgehalten hatte, blieb für alle nur der Schluss, dass es tatsächlich der geflügelte Krieger gewesen sein musste, der die Frau vor dem Schlimmsten bewahrt hatte.

Aus Freude und Dankbarkeit über den guten Ausgang wurde dem Steinmetz aufgetragen, ein Abbild des Kriegers nach den Worten der jungen Frau zu fertigen, das seinen Platz unter dem Feuerahorn finden sollte. Es dauerte zahlreiche Monate, doch die fertige Arbeit war das Meisterwerk des Mannes, welches ihn sehr bekannt machte und ihm in den folgenden Jahren zu zahlreichen Aufträgen des Adels und wohlhabender Familien verhalf.

Die junge Frau besuchte in dieser Zeit und auch später – bis an ihr Lebensende – unvermindert den Ahorn, sprach mit ihm und dem steinernen Krieger und vergrub jedes Jahr dankend die gefallenen Blätter am Fuße des Baumes.

Man erzählt sich, sie sei in einem hohen Alter eines Winters am Baum ruhend eingeschlafen und nicht wieder erwacht. Ihre stets gesunden Kinder und Enkel sorgten dafür, dass die Frau auch im Tode auf dem Hügel verweilen konnte, indem man sie auf der dem Meer abgewandten Seite des Baumes beerdigte, wie sie es sicherlich gewollt hätte.

Man sagt, es habe weder vor noch nach ihr jemals irgendjemand die Blätter des Feuerahorns vergraben. Und man sagt, die Frau habe den geflügelten Krieger nie wieder gesehen.

Papier und Feder – Aus Fleisch und Blut

Als ich letztens das Buch hier zur Hand nahm, um etwas einzutragen, sah ich es an und dachte bei mir: Ein Buch ist schon eine merkwürdige Sache. Es ruht da verlassen im Regal, bis man es zur Hand nimmt, es aufschlägt und darin liest. Und plötzlich stellt man fest, dass sich eine ganz andere Welt darin verbirgt; eine Welt aus Fleisch und Blut. Dabei ist es doch nur Papier und Farbe ...

Morgenstille im Nebel

Er hob leicht den Kopf und blickte nach links aus seinem Unterschlupf, in welchem er ausgestreckt lag und bereits seit geraumer Zeit aufmerksam lauschte, um zu ergründen, ob er allein war.

Sein Versteck lag unter einem alten Baumstamm in einer Mulde, die er in der vergangenen Nacht im prasselnden Regen mit seiner letzten Kraft und mit bloßen Händen vergrößert hatte, um genügend Platz zu haben. Anschließend hatte er Zweige vom umliegenden Gestrüpp abgeschlagen, sie geschüttelt, um wenigstens einen Teil des Wassers zu entfernen, und damit den harten und kalten Boden ausgelegt. Da er seit mehreren Tagen nicht richtig geschlafen, sondern immer nur gedöst hatte, hatte ihn die Müdigkeit sehr schnell übermannt, nachdem er in das unauffällige und schützende Lager gekrochen war.

Er fühlte, wie die trockene Erde an seinen Händen und den Beinen spannte, während er zwischen dem nassen Gras hinaus in den fahlen Schein des Tages sah, der so nebelverhangen war, dass er nur schätzungsweise einen mittleren Steinwurf weit blicken konnte. Alles wirkte ausgewaschen, als hätte der lange Regen die Farbe aus der Welt gespült. Er hörte nur das sanfte Geräusch der Wassertropfen, die von den Bäumen hinab zum Waldboden fielen und hier und da Gras und Pflanzen trafen, woraufhin leichte Bewegungen erkennbar waren, von denen ebenfalls eine angenehme Ruhe ausging. Daneben herrschte nur eine Stille, die angesichts der nebligen Stimmung in ihm eine Mischung aus Angst und Wohlbefinden erzeugte; die Welt war bei ihm, und doch war sie weit weg.

Er griff mit seiner rechten Hand nach seinem Katana, das er rechts neben sich an den Rand der Grube gelegt hatte, um es immer griffbereit und zugleich sicher verwahrt zu haben, und beugte sich leicht nach links, um einen größeren Bereich überblicken zu können. Aufgrund des Nebels war es ihm zwar nicht möglich, viel mehr zu sehen, doch gab ihm die Stille zu verstehen, dass niemand in der Nähe war, zumal die Stelle weit von der nächsten Ortschaft entfernt irgendwo im Wald lag und er seines Wissens nach auch in der Nacht keinen Pfad gesichtet hatte; er konnte jedoch nicht ewig unter dem Stamm bleiben, selbst wenn er es gerne gewollt hätte, denn er konnte nicht sagen, wann er das nächste Mal die Gelegenheit dazu haben würde, in Ruhe vor der Witterung geschützt schlafen zu können. Zudem deutete ihm sein krampfhaft schmerzender Bauch an, dass es an der Zeit war, endlich einmal wieder etwas Essbares zu sich zu nehmen. Es stellte sich nur – wie schon so oft – erneut die Frage, woher er es nehmen sollte. Von Pilzen und Früchten wurde er nicht satt, aber er hatte auch kein Geld, um sich eine Schale Reis und Fisch kaufen zu können.

An schönen Tagen suchte er öfters nach trockenem Holz, um daraus eine Schnitzerei zu fertigen, mit der er dann bestrebt war, in der nächsten Ortschaft einen Verkauf oder einen Tausch auszuhandeln. Oder er fragte Farmer, ob sie bei ihren Arbeiten Hilfe benötigten, selbst wenn sie ihm nicht viel anbieten konnten. Es war ein schweres Dasein, doch war es eben der Preis für seine Freiheit, für welche er selbst den größten Hunger durchgestanden hätte.

Nach einigen Augenblicken des Wartens, Hörens und Beobachtens kletterte er unter dem Baum hervor, richtete sich blitzschnell auf, hielt einen Moment lang inne und sah sich wachsam um. Sein Atem stieg sichtbar vor ihm auf, während von den Baumkronen vereinzelte Tropfen auf seine Haut und seine Kleider fielen und er das nasse Gras an den Waden spüren konnte.

Er wusste nicht, welchen Weg er einschlagen sollte, denn durch den Nebelschleier wirkte alles gleich. Er musste sich auch eingestehen, dass er keine Orientierung hatte, da er in der letzten Nacht im Regensturm mehr oder weniger am Rande der Blindheit durch den Wald gelaufen war und es an ein Wunder grenzte, dass er sich dabei nicht verletzt hatte.

Ohne länger darüber nachzudenken, entschied er sich dazu, vom Eingang seiner Zuflucht aus gesehen gerade nach links zu gehen. Er hatte sich schon in ganz anderen Gegenden verlaufen und schlimmere Situationen durchgestanden, so dass er froh war, dass es nicht schneite und es keinen Frost gab. Und so legte er sein Schwert auf die Schulter und brach auf, denn er wusste nicht, wie lange er diesmal unterwegs sein würde.

Papier und Feder – Erinnerung an Wolken

Ich muss sagen, Wolken haben etwas ausgesprochen Faszinierendes an sich. Auf der einen Seite sind sie uns nah, da sie uns fast jeden Tag begegnen, auf der anderen Seite sind und bleiben sie unerreichbar dort oben am Himmel. Oft sind sie wie ein riesiges Gemälde, als würde das Blau die Leinwand sein, die Wolken die Farbe, der Wind der Pinsel und der Zufall der Maler. Hier sieht man Tiere, dort Pflanzen und beim dritten Blick ein Phantasiewesen oder gar eine ferne Welt. Im Gegensatz zu einem Bild bieten Wolken aber immer wieder eine neue Ansicht, da sie sich ununterbrochen verändern und kein Moment dem nächsten gleicht. Sicher, es gibt Ähnlichkeiten, eine direkte Kopie wird man jedoch vergeblich suchen. Schneebedeckte Berge, raue Felsen, sanfte Schleier, weiche Daunen und Watte; sie verbinden einfach alles in sich zu einem Ganzen, von dem sie uns ab und an ein Stück zeigen, ohne dabei an die Grenzen ihrer Vielfalt zu stoßen. Man könnte jede Wolke mit einem Buch vergleichen, denn im Laufe eines Lebens wird es niemandem gelingen, alle Schriften zu lesen, da sie zu zahlreich sind. Selbst wenn man die Ewigkeit auf seiner Seite hätte und es keine nachrückenden Werke gäbe, wäre die Menge so erdrückend, dass man irgendwann ein Buch, das man schon gelesen hat, als unbekannt ansehen würde.

Eine weitere bemerkenswerte Eigenschaft der Wolken ist, dass sie von Leben durchzogen sind; wie eine Wasserfläche, auf die Regentropfen fallen, wie ein Feld, durch welches der Wind streicht, wie fallender Schnee im Winter oder die tosendenden Wellen des Meeres. Wenn man sich dem Augenblick öffnet, so kann man die Wandlungen wahrnehmen, sie fühlen und sich an ihnen erfreuen, denn es ist ein Wunder, zu welchen Dingen die Natur in der Lage ist. Lodernde Sonnenuntergänge, fallendes Laub, eine klare Nacht mit Nebelschwaden am Grund und dem Vollmond am Firmament, ein kurzer Sommerregen oder ein aufsteigender Schwarm Vögel. Irgendwie bereits bekannt und doch jedes Mal neu. Es ist wundersam, denn ich könnte Tausend Jahre zu den Wolken blicken und ihren Zauber doch nie begreifen.

Die Waldlichter

Es war frisch, aber nicht eisig. Vielmehr war es wohltuend und befreiend, denn der blaue Himmel, die herbstlichen Farben, der leichte Wind und die Stille wirkten sehr beruhigend; sie hatte den Eindruck, tiefe und belebende Kraft schöpfen zu können. Möglicherweise rückte das Gefühl für die tatsächliche Temperatur auch nur wegen der angenehmen Stimmung für sie in den Hintergrund. Im Laufe des Tages hatten sich die hohen Nebelschwaden zunehmend gelichtet und den weißen Schleier des in der Nacht angerückten Frostes vertrieben. Sie hatte nicht damit gerechnet, dass der Tag noch so schön werden würde, denn im Schutze des Morgennebels hatte die Kälte ihre Hände hartnäckig über der Gegend gehalten. Es schien schon fast einer dieser Tage zu werden, an denen man sich im Bett vor dem Grau versteckt, wohl wissend, dass es längst seinen Weg in die eigenen Gedanken gefunden hat. Die Sonnenstrahlen hatten sie jedoch dazu verleitet, sich warm anzuziehen und einen Spaziergang zu machen, welcher sie nach einiger Zeit zu einem der Hügel geführt hatte, die es zahlreich in den umliegenden Feldern gab; meistens wuchsen dort Bäume, Gestrüpp und hohes Gras.

Sie saß auf einem alten Baumstamm, den vermutlich ein Sturm vor Ewigkeiten zu Fall gebracht hatte, und sah in die hügelige Ferne, wo es überall abgeerntete Flächen gab, Haine, Wiesen und Wälder. Sie hatte sich bereits zu jeder Jahreszeit auf den einsamen Hügeln aufgehalten und den Wandel der Dinge erlebt, von der Auferstehung des Frühlings aus den weißen Weiten über das blühende Leben im Sommer bis hin zur gegenwärtigen Vergänglichkeit im Herbst und dem folgenden Schlaf im erneuten Winter, bei jeweils fast allen Witterungen. Schon oft hatte sie überlegt, wie es wohl wäre, von all diesen Facetten je ein Bild aus genau der gleichen Perspektive zu besitzen und sie alle reihum ihn ihrem Zimmer aufzuhängen, um so einen geschlossenen Kreis zu bilden, von Heiterkeit zu Schwermut, von Tag zu Nacht. Oder eine derartige Bilderfolge, die aneinandergereiht einen Rundumblick von einem der Hügel ergibt.

Ihre Gedanken verloren sich an diesem Tag in den warmen Farben der Welt und schweiften zu einem Fleckchen am Rande eines Waldes ab, an welchem ein kleiner Bach gelegen war. Sie konnte sich nicht mehr daran erinnern, wann es begonnen hatte, aber irgendwann verfügte sie über die Fähigkeit, dort Erscheinungen zu sehen – Waldlichter.

Von diesen Lichtern gab es zwei verschiedene Arten. Die erste Art lag wie ein zarter Film auf den Pflanzen und Bäumen und reichte vom Boden bis zu etwa einem Drittel der Waldhöhe empor. Es gab an jedem Punkt einen unregelmäßigen Wechsel zwischen einem sanften Grün und einem hellen Weiß, das beinahe silbern schien, wie Chrom, wobei die sich zusätzlich dazu bewegenden Farbgrenzen weiche Übergänge besaßen; sie verglich es mit einer Mischung von Wasser und Speiseöl, die leicht köchelte. Der feine Hauch, der keinen Blick auf die verhüllten Bereiche freigab, bewegte sich auch an den durchgehend weißen Rändern unruhig. Dieser Rand verdunkelte sich immer weiter zu einer schwarzen Linie, die sich dann wiederum weiter nach außen hin erhellte und zusätzlich durchsichtig wurde, bis sie sich schließlich verlor und so den durch das Licht eingenommenen Teil vom umliegenden Wald trennte.

Bei der zweiten Lichtart handelte es sich hingegen um schwebende Schemen, die sich zwischen den Bäumen und Pflanzen bewegten, ohne das Gebiet zu verlassen, das die anderen Waldlichter markierten. Die Lichter waren nach allen Seiten hin gleichmäßig strahlende Gebilde, die aus jeder Blickrichtung heraus einen flachen Eindruck erweckten. Es gab sie in den Farben Blau, Gelb, Rot und Grün. Es war kein kräftiges Leuchten, vielmehr erinnerte es an einen fahl glühenden Schein im Winternebel. Sie waren rund, änderten ihre Form nicht und gingen am Rand ebenfalls in ein Weiß über, das zu einer dünnen, schwarzen Linie wurde, welche sich immer durchsichtiger werdend und erhellend im Nichts verlor. Im Gegensatz zu dem anderen Licht waren die etwa kopfgroßen Formen leicht durchsichtig und weniger prachtvoll.

Den Waldlichtern haftete aber gemeinsam an, dass sie sich nur schemenhaft am Rand des Blickfeldes zeigten und dennoch erkennbar waren. Wohin sie auch konzentriert schaute, die Lichter gaben an den entsprechenden Stellen den Wald wieder frei, um sich dann erneut dort nieder- zulassen. Es war ihr darüber hinaus möglich, sich körperlos schwebend zwischen den Lichtern zu bewegen und bis hinauf in die Baumkronen auf- zusteigen.

Sie hielt die gesamte Sache anfangs für ein Pro- dukt ihrer Phantasie, denn sie konnte sich von jedem Ort aus in dem Waldstückchen bewegen, wenn es ihre Gedanken ohne ersichtlichen Grund dorthin zog. Hinzu kam, dass die Bilder mehr Ahnung als greifbare Realität waren. Sie sah zwar ihre Umgebung, in ihrem Geist jedoch mischten sich die Bilder der Waldlichter darunter, so dass sie zwei Szenen im gleichen Moment wahrnahm. Sie hatte oft versucht, die Erlebnisse in ihrem Tagebuch zu Papier zu bringen, doch bisher wa- ren ihr nie die passenden Worte eingefallen, um alles so zu beschreiben, wie es sich zutrug.

Einen Beweis für die Wirklichkeit der Bege- benheiten und der Bilder fand sie letztendlich, indem sie sich die Lichter mehrmals an einem anderen Ort vorstellte, wie etwa auf einem Feld, auf einer Straße, im Haus oder in der Stadt, was bei keinem ihrer Versuche glückte. Im Anschluss daran dachte sie an das Waldstück, wo zu ihrer Überraschung jedes Mal die Waldlichter zu sehen waren. Zwar verstand sie das alles nicht, nahm es aber als eine kleine Freude hin, denn von dem Farbenspiel ging stets eine friedliche Stimmung aus; die Lichter wirkten wie Wesenheiten, die ihr innere Ruhe schenkten.

Leider waren die Erscheinungen seit einigen Wochen so plötzlich aus dem Wald und ihrem Leben verschwunden, wie sie aufgetaucht waren, und so sehr sie es auch versuchte, es war ihr nicht möglich, sie irgendwo zu sehen. Vielleicht waren sie dem Wind gefolgt und würden eines Tages wieder den Weg zu ihr finden; sie hoffte es.

Sie rieb sich ihre blassen Hände, während sich ihre Gedanken vom Wald lösten, und erhob sich von dem Baumstamm, um ihren Spaziergang fortzusetzen. Zudem wärmte die Sonne lediglich schwach, so dass man ohne Bewegung im Wind schnell auskühlte, selbst wenn dieser nur leicht wehte.

Nach einigen Metern auf dem brachen Feld entdeckte sie in der Ferne einen Vogel am Himmel. Sie steckte ihre Hände in die Jackentaschen und stellte sich vor, wie sie neben ihm in den klaren Höhen flog und nach unten auf das Land sah. Es war ein schöner Gedanke. Und ein schöner Ausblick.

„Und haben es Steine wirklich so leicht?"

„Man sagt, das Leben sei einfacher, wenn man ein Stein ist. Ich denke, die Menschen sagen so etwas zu leichtfertig daher, da sie nicht wirklich wissen, wie es in einem Stein aussieht. Gefühle können alles grau und schmerzhaft wirken lassen, das möchte ich gar nicht abstreiten, aber wo steht geschrieben, dass ein Stein keine Gefühle hat?

Menschen können sich bewegen und Entscheidungen treffen, während Steine in ihrer Hülle gefangen und darauf angewiesen sind, durch Naturgewalten oder Lebewesen aus ihrer Erstarrung befreit zu werden, nur um dann wieder an einem anderen Ort zu liegen, ohne zu wissen, wie lange sie dort verbringen werden. Sie sind allem um sich herum ausgeliefert, ohne jemals die Möglichkeit zu haben, an diesem Zustand etwas zu ändern. Sie müssen oft Ewigkeiten an der gleichen Stelle verbringen und haben nur den Wandel von Tag und Nacht und die Witterung, doch selbst diese Variationen sind schnell erschöpft. Und wer interessiert sich schon für einen Stein? Man nutzt sie, um etwas daraus zu bauen oder um sie zu sammeln, wenn sie besonders schön sind, aber dabei ist das Interesse lediglich auf ihr Äußeres beschränkt; das Innere bleibt leider im Dunkel."

„Also haben Steine nur sich und ihre Gedanken?"

„Es ist anzunehmen, jedenfalls aus unserer Sicht. Alles in dieser Welt denkt auf seine eigene Art, wobei es hier und da Gemeinsamkeiten gibt, die man nicht abstreiten kann, aber generell ist es nicht möglich, restlos entgegen seines eigenen Geistes zu denken. Man ist selbst, von der Geburt bis zum Tod. An einigen Eigenschaften kann man arbeiten, aber nicht an allen, denn ein kleiner Rest, bewusst oder unbewusst, bleibt immer zurück.

Es mag für viele Menschen wie eine verlockende Erlösung wirken, sich in einen Stein zu verwandeln, aber ich denke, die Erfüllung des Wunsches wäre für sie ein hässliches Erwachen. Man kann eine Form ändern, aber nicht den Gedanken dahinter."

„Es hätte aber dennoch Vorteile, ein Stein zu sein, oder?"

„Aus einem gewissen Blickwinkel heraus schon, besonders für Menschen. Ich habe in meinen Jahren schon viel Freude und noch mehr Leid gesehen, weshalb ich teilweise denke, dass es besser wäre, wenn die meisten Menschen Steine wären. Nicht, weil sie es wollen, sondern weil sie es verdienen. Es sind Menschen, das ist der einzige Grund. Sie haben es verdient, ewig gefangen zu sein in den Scherben ihrer gebrochenen Hoffnung. Das soll nun aber nicht bedeuten, dass Steine schlecht sind und es gerecht wäre, wenn unter ihnen Menschen wären.

Die, die durch ihren inneren Schmerz und ihre Gedanken dazu verleitet werden, sich nach einem

Leben als ein in ihren Augen gefühlskalter, regungsloser und leidensfreier Stein zu fühlen, haben es oft nicht verdient, so zu enden. Tatsächlich würden sie sich einige Zeit über die Leichtigkeit und Sorglosigkeit freuen, aber irgendwann würden sie aufgrund ihrer Natur nachdenken und die Ausweglosigkeit erkennen, in der sie sich befinden. Und dann könnten sie nicht einmal den letzten Schritt gehen und dem für sie sinnlosen Dasein entfliehen."

„Dann sollten wir froh sein, dass wir sind, wie wir sind?"

„Wir sollten froh sein, dass wir nicht so blind sind, wie die Menschen. Und wir sollten glücklich darüber sein, dass wir nicht zu ihnen gehören. Vielleicht wären wir an ihrer Stelle auch lieber Steine und möglicherweise haben es Steine gar nicht so schwer, wie ich vermute. Ich weiß es leider nicht, denn ich habe noch nie mit einem gesprochen.

Doch nun wird es langsam Zeit, denn die Dämmerung naht. Besuche mich bald wieder, kleiner Vogel!"

„Das werde ich, denn in Deiner Krone ist es angenehm. Und Du kannst so viel von der Welt berichten. Die Menschen können das nicht verstehen."

Der kleine Tod

Er liebte sie. Er liebte ihr Wesen, ihre Art; ihren Humor, ihre eigene Sicht der Dinge. Er liebte ihre Gegenwart. Er liebte ihre Hände, ihre Augen, ihren Mund, ihr Lächeln, ihre Stimme. Und er liebte die Augenblicke, in denen sie sich einander ungestört körperlich hingeben konnten. Im Grunde genommen hätte jeder dieser Momente wundervoll sein müssen, doch war dem nicht so. Das Liebesspiel verzauberte ihn immer wieder aufs Neue, es kam aber ab und an vor, dass mit ihm am Ende des Aktes etwas geschah; es war, als würde er für kurze Zeit seinen Körper verlassen, um danach wieder in ihn zurückzukehren – und dann fühlte er sich, als hätte er auf dieser kleinen Reise einen Teil von sich selbst verloren. Er fühlte sich leer, nachdenklich und alles andere als glücklich, wenn sie in seinen Armen einschlief. Er hatte niemals mit ihr darüber gesprochen, um zu verhindern, dass sie vielleicht dachte, sie würde etwas falsch machen oder seine Liebe zu ihr wäre schwächer geworden. Er behielt dieses Geheimnis für sich, tief im Herzen, und er musste damit leben, dass er in seltenen Fällen nicht von Freude erfüllt wurde, sondern von dunkler Trauer. Es war so unerklärlich wie die Liebe selbst. Denn was ist Liebe?

Sie kniete vor ihm. Ihr Oberkörper ruhte sanft auf einigen Kissen, so dass sie sich entspannen konnte. Sie hatte die Augen geschlossen und atmete erregt, während er hinter ihr kniete und in sie eindrang. Sie fühlte seine Berührungen aufgrund der Dunkelheit viel intensiver; sie spürte, wie seine Finger ihren Rücken streichelten, an den Seiten über ihren Bauch glitten und sanft ihren Po griffen, um sich dann wieder um ihre Taille zu schmiegen und sie näher an ihn zu ziehen. Die innere Berührung, die Nähe, alles verschmolz für sie zu einem Augenblick und einem einzigen Gefühl.

Auch er hatte die Augen geschlossen, was seine Empfindungen ebenfalls kraftvoller wirken ließ. Ihr Körper schmiegte sich sanft an den seinen und das angenehm warme Gefühl, so innig mit ihr verbunden zu sein, ließ ihn den Moment wie einen Zauber erleben. Er konnte leicht den kribbelnd aufsteigenden Drang seines Höhepunktes ausmachen, wie er ihn schon mehrmals kurz verspürt hatte. Diesmal jedoch wollte er ihm nachgeben und den Punkt überschreiten, ab dem es keine Wiederkehr gibt.

Da er die Welt ausgeblendet hatte, bemerkte er nicht die Schemen, die aus den dunklen Raumecken jenseits der durch die Fenster einfallenden Morgenröte krochen. Der frische Wind spielte mit den Vorhängen, so dass das schwache Licht zügellos tanzte, was die Schatten dazu brachte, sich zu winden und teilweise zu verflüchtigen.

Er blickte mit geschlossenen Lidern zum Kopfende des Bettes, das an der Wand stand. Zu seiner rechten Seite befanden sich einige Fenster und ein geöffneter Durchgang hinaus auf den Balkon. Die Bereiche des Gemaches hinter ihm und links neben ihm befanden sich weitgehend unter dem Schleier der verblassenden Mondzeit. Dort, wo das goldrote Licht einen Blick freigab, hoben sich Teile von Schränken, Gemälden, Kerzenständern mit Kerzen und kunstvollen Teppichen aus der Schwärze hervor. Der Sonnenglanz wirkte durch den Wind und die wuchtigen Vorhänge beinahe wie ein Spiel angestrahlten Wassers an einer Wand oder einer Raumdecke.

Die sich wechselnde Farbe der Nebeladern lag zwischen Schwarz und hellem Grau, wobei der Hauch mit zunehmender Nähe zum Licht heller wurde, bis er an der Grenze zwischen Nacht und Tag im Nichts verschwand. Da die Morgenglut nicht überall tanzte, gelang es den Schemen auf kunstvolle Art, ihren Weg zu ihm fortzusetzen und sich bald hinter seinem Rücken zu sammeln, wo sie sich majestätisch nach links und rechts erhoben, so dass er bei dem Liebesakt wie ein rauchgeflügelter Engel wirkte. Teile der Schatten wanden sich um seinen Leib und züngelten schlangengleich über seine leicht glänzende Haut, bis sie nach einigen Augenblicken den gesamten Körper bedeckten, sich noch immer im Morgenlicht verändernd und auflösend.

Sie fühlte, wie seine Stöße schneller und kraftvoller wurden, und entspannte sich, wobei ein wohliges Kribbeln durch ihren Bauch schwebte. In ihm stieg unterdessen das Gefühl des sich nähernden Höhepunktes immer weiter auf, während er ihre Taille streichelnd hielt und langsam seinen Kopf nach hinten neigte, um die unsichtbare Grenze zu überschreiten. Es war ihm, als würde ihre körperliche Verbundenheit mehr und mehr anwachsen, je näher er dem einen Punkt kam.

Nach einigen weiteren Stößen war es dann soweit: Er drang ganz in sie ein und ließ seinen verharrenden Leib und seinen Geist gleiten.

Sie fühlte, wie sich seine Hände kräftiger um ihre Taille schmiegten und er wie erstarrt hinter ihr kniete, leise seinen Höhepunkt genießend. Sie drückte ihren Körper gegen den seinen, um ihm noch näher zu sein und noch mehr seiner Haut auf der ihren zu fühlen.

Trotz der Tatsache, dass er die Augen geschlossen hatte, konnte er plötzlich sehen; er sah, wie er sich von der Szene körperlos nach hinten bewegte und dabei leicht aufstieg, so dass er sie und sich beobachten konnte. Es war ihm möglich, die Bereiche des Raumes in der Nähe des Bettes zu erkennen, die vollkommen normal wirkten, ohne die Möglichkeit zu haben, seinen Kopf zu drehen; er konnte nur nach vorn blicken und seine Augen bewegen, was sein Blickfeld stark einschränkte.

Die Schattenschwingen hatten ihn aus seinem Körper gerissen, wie sie es bereits oft unsichtbar und ohne sein Wissen getan hatten. Er konnte nicht ausmachen, ob er körperlos war, ob seine Seele ein Aussehen hatte. Alles, was ihm blieb, war der Blick hinab auf die zwei Körper, wobei er mit ansehen musste, wie sich der seine binnen weniger Sekunden verwandelte.

Quadratisch löste sich plötzlich die Haut und beschrieb Wellen, als wäre sein Leib ein aufgebrachter Ozean. Die Wellen, in deren Verlauf sich die Hautstückchen zum Teil auch um sich selbst drehten, um dann wieder in ihrer Ausgangsposition zu landen, flossen zwar vom Eindruck her unkontrolliert, jedoch erzeugte das Spiel kein Chaos, sondern eine angenehme Harmonie. Das glühende Fleisch darunter, dessen Regenbogenfarben sich unstet vermischten und veränderten, bewegte sich bis in die kleinste Faser, als wäre sein Inneres aus zahllosen kleinen Würmchen geformt. Nirgends war Blut zu sehen und seine Haut, die nach ihrer Lösung eine feste Form mit glatten, rechtwinkligen Seiten und geraden Kanten annahm, reflektiere und brach das bunte Licht wie Glas.

Die gesamte Umgebung war erhellt von dem farbenfrohen Glanz, während seine Hülle noch immer regungslos tief in ihr verweilte. Er selbst fühlte von alledem gar nichts, weder das Kribbeln des Höhepunktes, noch den Morgenwind, der augenscheinlich durch die Fenster drang.

Er beobachtete nur die Szene und fragte sich, ob das alles richtig war. Hatte er eine Frau wie sie überhaupt verdient? Hatte er verdient, dass er einen so wundervollen Augenblick mit ihr erleben durfte? Behandelte er sie stets so gut, wie es sein sollte? Verdiente er ihre Liebe und ihre Zuneigung?

Die Wogen bewegten sich stoßhaft über seinen Körper; pulsierend, wie er einen Höhepunkt erlebte. Er hielt sie fest an sich gepresst und offenbar bemerkte sie nichts von seiner magischen Veränderung, auch wenn sich die Wellen bis zu seinen Fingerspitzen hin ausbreiteten.

Es waren viele Fragen, die ihm durch den Geist spukten und die ihm auf einmal das Gefühl gaben, dass das alles vielleicht nicht richtig war, dass er es nicht verdient hatte. Und da war es wieder, jenes Gefühl tiefer Trauer und Leere, als wäre in ihm etwas gestorben. Er fühlte sich alles andere als glücklich und schwerelos, er konnte sich nicht fallen lassen. Er war einmal mehr dem kleinen Tod begegnet.

Er sah, wie sich sein Körper lockerte und zeitgleich die Wellen verebbten und das Glühen wieder in seinem Inneren verschwand. Nur das einfallende Licht des Morgens tanzte noch umher, wobei es bereits deutlich von seiner Röte und dem Gold verloren hatte. Er senkte seinen Kopf und beugte sich nach vorn, um ihr sanft den Nacken zu küssen, dabei weiterhin ihre Taille liebkosend.

Er öffnete die Augen. Auf seiner Zunge lag der angenehm salzige Geschmack ihrer feuchten Haut und in seinen Ohren der eigene Herzschlag. Er sah ihren Nacken und ihr Haar, spürte, wie seine Hände streichelten und fühlte die Verbundenheit ihrer Körper – und auf allem lag das graue Nebeltuch des Nichts.

Er konnte sich nicht erinnern, wie er wieder zurück in seinen Körper gekommen war, nachdem er scheinbar endlos lang auf seine leuchtende Hülle geblickt hatte. Es war so schnell geschehen, dass nicht einmal ein Blinzeln die Kürze hätte beschreiben können. Und nun war er wieder bei ihr. Er hörte und fühlte, wie sie unter ihm atmete, wie er atmete.

Er löste sich aus ihr und ließ sich auf die Seite rechts neben ihr sinken, während sie die Kissen zum Kopfende schob und sich ebenfalls fallen ließ. Sie drehen sich beide auf den Rücken und schmiegten sich aneinander. Sie legte ihren Kopf auf seine Brust und er legte seinen Arm um sie, um sie zu streicheln. Sie ließ ihre Fingerspitzen verspielt über seinen Bauch wandern und schloss wieder ihre Augen. Beide atmeten noch erregt. Und sprachen kein Wort.

Der Schein der aufgehenden Sonne tastete sich vom Morgenwind begleitet zaghaft an vielen Stellen durch das Zimmer. Das Spiel des Lichtes erinnerte ihn an das, was mit seinem Körper geschehen war. Er hatte ihn während des Höhepunktes schon oft auf diese Weise verlassen, jedoch hatte sich ihm bis zum heutigen Tage kein solches Schauspiel dargeboten. Was hatte es zu bedeuten? Waren die Wellen und Lichter ein Zeichen für Glück? Oder ein Zeichen für etwas Bevorstehendes? Bisher hatte er nur die Körper gesehen, keine Wellen aus Haut und kein inneres Leuchten. Was nur sollte ihm das alles sagen?

Er dachte noch über die Fragen nach, die er außerhalb seines Körpers gehabt hatte, und dabei fiel ihm einmal mehr seine eigentliche Unsicherheit auf. Er war sich nicht sicher, ob das alles richtig war. Aber wenn es nicht richtig wäre, weshalb sollte dann das Schicksal ihn diese Augenblicke genießen lassen? Immer, wenn er dem kleinen Tod begegnet war, wurde er nachdenklich zurückgelassen. Doch diesmal hatte er etwas gesehen, was er nicht für denkbar gehalten hatte. Und all die Formen und Farben, sie waren mit Bestimmtheit kein Zeichen für Unglück, dessen war er sich sicher. Vielleicht war aber alles auch nicht so kompliziert, wie er vermutete. War es nicht möglich, dass ihm die vorangegangenen Erlebnisse nur seine Unsicherheit aufzeigen sollten, während das Leuchten endgültig und eindeutig sagen sollte, dass die Zweifel völlig unbegründet waren?

Er lächelte. Der letzte Gedanke gefiel ihm und es gab keinen Grund, warum es nicht so sein sollte. Und so zog er sie leicht noch etwas näher an sich heran, wonach sie sich gegenseitig weiter streichelten, um erschöpft und glücklich den erwachenden Tag zu begrüßen.

Am Meer oder Nach dem Regen

Unten am Strand wird das Wasser an den riesigen Steinbrocken und Felsen zerschmettert und in hohen Gischten vom Wind getrieben in die Luft gesprüht. Wenn ich meine Augen schließe, habe ich den Eindruck, die tosende Brandung sei näher bei mir, als sie es tatsächlich ist. Über dem aufgebrachten Meer kann ich sehen, wie das Licht zwischen den ins Land ziehenden Wolken einfällt und sich ununterbrochen verändert und mit den gleitenden Schatten zu tanzen scheint, wie greifbare Vorhänge aus Seide, die sich in einem leichten Windzug wiegen. Die glitzernden Wellen wirken hart, eisig und grob, zugleich aber auch endlos friedlich und faszinierend. Ich kann neben den blauen Stellen am Himmel in der Ferne den langsam verblassenden Hauch eines Regenbogens erkennen, der dieses Bild zu etwas Besonderem für mich macht, denn es ist nach dem wochenlangen Regen eine Wohltat für Körper und Geist, wieder Sonnenlicht und heitere Farben zu erblicken.

Die saftige, aber leider blumenlose Wiese fällt zum Strand hin leicht ab und ist hinter mir in einiger Entfernung von einem weiten Bambuswald begrenzt, durch den ich auch den Weg an diesen Ort gefunden habe. Links und rechts erstreckt sich das flache Grün bis zum Horizont, wobei es auf der einen Seite vom Meer und auf der anderen meist von Wald umgeben ist; es gibt auch Bereiche, wo das Gras weiter ins Land reicht und in bunte Wiesen übergeht, die vor dem recht rauen Meereswind geschützt liegen.

Ich habe mir aus dem Bambuswald ein paar Stangen geschlagen, sie angespitzt und neben mir in den Boden gerammt, um meine durchnässten Habseligkeiten aufzuspannen und sie von der Brise und der Sonne trocknen zu lassen. Ich habe mir Wechselkleider übergestreift, da sie nicht so nass waren wie meine Kleidung. Wenn diese getrocknet ist, werde ich sie wieder anziehen und die Wechselkleider aufhängen, damit auch sie trocknen können. Und während ich warte, sitze ich auf einigen Bambuszweigen und Blättern, denn der Boden und das Gras unter mir sind noch zu nass.

Im Verlauf der letzten Wochen war es aufgrund des unnachgiebigen Regens nur abends möglich gewesen, ein Lagerfeuer zu machen – unter der Voraussetzung, dass ich brennbares Material finden konnte – und die wichtigsten Dinge notdürftig zu trocknen. Ich baute mir zudem jedes Mal einen kleinen Unterstand, um die Nacht nicht im Regen verbringen zu müssen. Zwar hält das Blätterdach eines Waldes viel Wasser ab, aber bei weitem nicht alles; und wenn man tagsüber keine Möglichkeit hat, trockenen Fußes zu reisen, möchte man wenigstens im Schlaf etwas vor der Witterung geschützt sein.

Das unerwartete Ende des Regens kommt einem Segen der Natur gleich, gepaart mit dem Glück, ausgerechnet zu dieser Zeit hier zu sein. Und den Göttern ist es wohl hoch anzurechnen, dass mein

Bambuspapier weitestgehend verschont geblieben ist. Es ist eine meiner größten Ängste, dass meine Zeichnungen und Schriften zerstört werden könnten, denn all mein Schaffen wäre mit einem Schlag unwiederbringlich verloren – und ich mit ihm. Zwar ist alles gut mit Leder und Stoff verpackt, doch gegen die Hartnäckigkeit von Wasser ist das kein wirklich dauerhafter und zuverlässiger Schutz. Auf die Blätter achte ich besonders, denn nasse Kleidung kann trocknen, verwaschene Tinte und zusammenklebende Seiten sind hingegen Dinge, die man kaum oder gar nicht ausbessern kann.

Mehr Wunder als Segen ist allerdings der Umstand, dass ich in all den Jahren meiner Reise stets von Krankheit und Schwäche verschont geblieben bin. Um mein Glück jedoch nicht zu sehr zu fordern, blicke ich mich immer unregelmäßig um, denn man kann sich nie sicher sein, ob nicht Vagabunden durch die Gegend ziehen, um Reisende zu überfallen und sie des Lebens zu berauben. Zwar leistet mir mein Schwert auch nach Jahren überaus treue Dienste, doch kann jeder Vorteil schwinden, wenn man nur einen Augenblick lang unaufmerksam ist und dem Feind die Gelegenheit gibt, den ersten und unter solchen Umständen sicherlich vernichtenden Streich auszuführen. Natürlich kann ich nachts im Schlaf nicht auf meine Umgebung achten, aber verunsichern lasse ich mich dadurch nicht. Wenn ich irgendwann im Schlaf durch einen Hieb sterben sollte, so wäre es auf der einen Seite eine befleckende Unehrenhaftigkeit des Feindes, mit der sich dieser keineswegs schmücken könnte, und auf der anderen einfach eine Tatsache, mit der ich mich abfinden müsste. Ich könnte genauso gut noch heute an einem Fieber erkranken und morgen tot sein. Man kann auf vieles, aber nicht auf alles Einfluss haben; der Tod gehört dazu.

Ich habe soeben kurz nach meinen Habseligkeiten gesehen und festgestellt, dass die Kleider noch einige Zeit benötigen, die ich ihnen gerne geben will, denn der Himmel erweckt nicht den Anschein, als würde er sich gleich wieder verdunkeln und weiteren Regen für die nächsten Wochen niederfallen lassen. Auf diese Weise kann ich noch etwas den Sonnenschein genießen und das weite Meer mit seinen Wellen bewundern.

Ein Moment am Fenster

Ich sitze eben am Fenster und schaue hinaus in den Regentag. Der leichte Nebel trübt die Umgebung und erweckt den Anschein, die Welt sei grau und reiche nicht einmal bis zum Horizont. Alles wirkt wässrig und unwirklich, so trostlos. Das Gras ist dunkelgrün und glänzt, auch wenn die Sonne irgendwo hinter der schweren Wolkendecke und dem Dunst in der Höhe liegt. Die letzten Blätter an den knochigen Bäumen sehen von hier zum Teil schwarz aus. Es wird nicht mehr lange dauern, bis auch sie abgefallen sind und eines Morgens der erste Frost überall sein Weiß erstrahlen lässt. Man merkt, dass sich die helle Zeit verabschiedet, was allerdings nichts weiter als der Lauf der Dinge ist, den man in allem auf die eine oder andere Art erkennen kann. Solche Momente machen mich nachdenklich und traurig. Warum ich bei Regenwetter nicht so sehr zu heiteren Gedanken gezogen werde, das kann ich nicht sagen, denn so ein Tag besitzt ebenfalls seine eigene Schönheit. Ich kann aber nicht gänzlich abstreiten, dass derartige Augenblicke mitunter sehr beruhigend wirken und dazu führen, dass ich das eine oder andere Problem mit ein bisschen Abstand nicht mehr ganz so dunkel sehe wie sonst. Es ist vom Inneren abhängig, und darüber hat man nicht wirklich die Kontrolle.

Ein Tag wirkt ganz anders, wenn der Himmel klar ist oder ich wenigstens hier und da einen blauen Fleck sehen kann. Wenn hingegen finstere Wolken die Herrschaft über uns haben, dann ist es für mich schwerer, die Fröhlichkeit zu bewahren. Viel wahrscheinlicher ist es dann, dass ich in meinen Gedanken versinke und der Sonnenschein auch dort verschwindet. Aber so ist es nun einmal, denn auf Regen folgt Sonne und auf Tag die Nacht; das eine begrenzt und benötigt das andere. Es ist alles ein unentwegtes Kommen und Gehen, Geben und Nehmen, um in der Gesamtheit entweder ein Ganzes zu sein oder ein Nichts. Es ist eine Frage der Auffassung.

Wenn man die Dinge um sich herum betrachtet, kann man feststellen, dass alles einem ununterbrochenen Wandel unterliegt, den man nur sehr selten mit Bestimmtheit voraussagen kann. Es ist im Grunde genommen vergleichbar mit einem Spiel der Abendsonne: Das orange bis goldene Licht fällt durch eine Baumkrone in das Fenster und durch reichlich verzierte Spitzengardinen genau auf die Türe eines alten Schrankes. Wenn man sich die Zeit nimmt und das Bild ansieht, so kann man durch die Bewegung der Blätter und Zweige im Wind unregelmäßige Veränderungen erkennen, mal sanft fließend und mal sprunghaft grob. So etwas wirkt auf mich jedes Mal schon fast unwirklich und befremdlich, wenn ich bedenke, dass es nur Licht und Schatten sind, die ich sehe. Aber es zeigt auch, wie aus recht wenig sehr viel entstehen kann.

Ich frage mich, wie viele Menschen jetzt wohl auch am Fenster sitzen und nachdenklich in den

Tag schauen. Und ich frage mich, wie viele Regentropfen wohl durchschnittlich am Tag genau auf die gleiche Stelle im Gras fallen.

Papier und Feder – Die Luft am Abend

Ich frage mich, wie man den sich verändernden Geruch der Luft beschreibt, wenn im Sommer die Abenddämmerung einsetzt. Es riecht plötzlich alles ganz anders, so frisch und rein. Man weiß genau was gemeint ist, aber irgendwie ist der Geist nicht in der Lage, ein unverfälschtes Abbild dessen zu erzeugen, was auf uns einströmt, wenn die Eindrücke nicht zur gleichen Zeit von außen auf den Körper wirken. Kann man überhaupt Gefühle dauerhaft darstellen und bewahren? Zweifelsohne wäre dieses Können die Vollendung seiner Art, in meinen Augen aber zugleich auch mehr Wunsch als greifbare Wahrheit. Ich weiß zudem nicht, ob andere das Werk verstehen und interpretieren könnten. Es würde schon genügen, wenn es einem selbst gelingen würde, denn so könnte man sich, wann immer man möchte, ein bestimmtes Gefühl zurück ins Herz holen. Ob das nun gut oder schlecht ist, sei einmal dahin gestellt.

Ich frage mich auch, wie ich die genannte abendliche Wohltat für meine Sinne als vorhanden ansehen kann, wenn ich nicht in der Lage bin, sie darzustellen; es fehlt, wenn man so will, der Beweis dafür. Und das kann man im Grunde genommen auf alles beziehen.

Die Jagd

Der scheinbar endlose Kiefernwald bot nach allen Seiten hin das gleiche Bild und reichte so weit, dass man in der Ferne nur immer tiefer werdende Dunkelheit erkennen konnte. Zwar fiel von oben das Licht des sonnigen Tages ein, doch verlor sich dieses mit zunehmender Entfernung zwischen den zahlreichen Bäumen. Der ebene Boden war vollkommen bedeckt von alten Nadeln, die sich im Laufe der Jahre angesammelt und eine orange bis rotbraune Färbung angenommen hatten. Die meisten der Kiefern waren nahezu perfekt gerade gewachsen und besaßen durchschnittlich den gleichen Abstand zu ihren Nachbarn. Nur sehr selten gab es umgestürzte Bäume oder am Boden liegende Zweige und Äste, so dass alles überaus eintönig, unwirklich und regelrecht unheimlich wirkte, was nicht zuletzt an der Verlorenheit lag, die an diesem Ort allgegenwärtig war.

Er umklammerte sein Katana, dessen Spitze er in den Boden vor sich gerammt hatte, und blickte sich um. Hockend lehnte er mit dem Rücken an einem der Bäume, um sich etwas zu erholen, bevor er seine Flucht fortsetzen würde.

Er lauschte. Vergeblich versuchte er, den Gesang von Vögeln wahrzunehmen oder das Rauschen des Windes; er hörte auch kein Knacken von Holz, keine Schritte und keine Stimmen, gleich wie sehr er sich bemühte. Einzig sein schwerer Atem klang zusammen mit dem beschleunigten Herzschlag in seinen Ohren.

Seine Verfolger würden ihn finden, wenn er nicht vorsichtig war, denn sie hatten schon größere Schwertkämpfer als ihn zur Strecke gebracht. Da der Wald jedoch derart eintönig war, konnte er sich nirgends verstecken, und selbst die Baumkronen boten ihm durch ihre verhältnismäßig wenigen Äste im Vergleich zu anderen Bäumen keinen Schutz. Er konnte sich lediglich auf sein Gehör konzentrieren, denn zwischen all den Bäumen wäre es für seine Jäger ein leichtes Unterfangen gewesen, sich anzuschleichen und in einem unaufmerksamen Moment den vernichtenden Schlag auszuführen. Er wusste aber auch, dass er in Bewegung bleiben musste, da sie ihm nicht in einer Gruppe folgten, sondern sich aufgeteilt hatten, fest entschlossen, ihn einzufangen.

Durch riesige Bambuswälder hatten sie ihn getrieben, über weite Wiesen und grüne Hügel, durch tiefe Moore, über raue Berge, durch verlorene Täler und reißende Flüsse. Es war ihm bereits oft gelungen, sie zu täuschen und ihnen zu entkommen, doch hatten sie es bisher immer wieder geschafft, seine Spur zu finden und die Jagd fortzusetzen. Er musste jederzeit seine Augen und Ohren offen halten und sich so unauffällig verhalten, wie es ihm nur möglich war, um einen möglichst großen Vorsprung zu bekommen, auch wenn es aussichtslos schien.

Er kannte sie nicht und er wusste nicht, was sie von ihm wollten. Er war aber überzeugt, dass es nichts Gutes sein konnte, denn unzählige Male hatten sie Kämpfer getötet, die es gewagt hatten, sich ihnen in den Weg zu stellen. Er hatte in seinem Leben niemals absichtlich etwas Schlechtes getan, weshalb ihm die ganze Angelegenheit auf der einen Seite sinnlos erschien, er sich zugleich auf der anderen Seite sicher war, dass es einen Grund für all das geben musste. Nur welchen, das wusste er nicht, und es würde noch lange dauern, dieses Rätsel zu lösen, wenn es denn überhaupt möglich war.

Immer wieder hatte er die Götter um Beistand gebeten, doch der Ort, dem seine Jäger entstiegen waren, befand sich außerhalb des Lichtes, daran konnte kein Zweifel bestehen. So hatte es sich ergeben, dass er seine Anrufungen irgendwann aufgegeben hatte, da ihre Wirkung ausgeblieben war. Dichter Nebel und kalte Winde begleiteten die unbekannten Verfolger; an einem Tag waren es nur drei Krieger, am nächsten fünfzig, mal waren sie zu Fuß unterwegs und dann wieder auf Pferden. Die Wunden, die ihnen ab und zu durch würdige Gegner zugefügt wurden, hätten einen normalen Menschen getötet, während sie es überlebten. Eine weitere Tatsache, die ihn verwunderte, war der Umstand, dass sie ihm nur vom Sonnenaufgang bis zum Sonnenuntergang folgten. Sobald sich der Tag seinem Ende entgegen neigte, verschwanden sie in den Nebelschwaden, um sich am nächsten Morgen wieder aus ihnen zu erheben. Normalerweise hörte er nur Geschichten von Wesen, die in der Finsternis wandelten und sich tagsüber irgendwo in den feuchten Schatten des Untergrunds versteckten.

Sie sahen nicht wie Untote aus und ihre Kleider waren ebenfalls in einem sehr gepflegten Zustand. Vom Aussehen her waren die Männer völlig durchschnittlich: Mal groß, mal klein, der eine war schlank bis dünn, der andere kräftig bis fett, manche hatten lange Haare und andere kurze oder gar keine. Neben der blassen, beinahe weißen Haut hatten sie alle noch die Eigenschaft, über eine enorme Ausdauer zu verfügen, was ihre Verfolgung anging, denn keiner von ihnen fiel geschwächt zurück, egal wie schwer die eventuellen Verletzungen waren. Einmal war es ihm aus einem Versteck heraus möglich gewesen, sie beim Vorüberziehen unbemerkt zu beobachten und einen näheren Blick auf sie zu werfen: Ihre Gesichter wirkten entspannt, beinahe gutmütig, und nicht verbittert oder mordlustig; auch fehlte in ihren Augen die Glut des Todes, was es noch schwieriger machte, das alles zu begreifen.

Zahllose Stunden hatte er vergebens damit zugebracht, einen Grund für alles zu finden, doch selbst die Suche nach einem Auslöser war erfolglos. Er wusste nur, dass sich seine Jäger eines Morgens im Herbst vor mehr als vier Jahren in ihrem Nebelschleier seinem Haus außerhalb des Dorfes im Wald genähert hatten. Zum damaligen Zeitpunkt waren auf den Tag genau zwei Jahre vergangen, seit seine Frau an den Folgen eines Unfalles beim Spalten von Feuerholz gestorben war. Die Blutvergiftung hatte sich leider zu schnell unbemerkt ausbreiten können, so dass keine Hilfe möglich gewesen war.

In ihrer kleinen, am Haus angebauten Töpferei hatten sie neben allerlei Krügen, Behältern und Zierobjekten auch verschiedene Gegenstände aus Holz angefertigt, von der kleinen Figur bis hin zu großen und kunstvollen Schnitzarbeiten, für welche sie weithin bekannt gewesen waren. Der Verlust seiner Frau war ein schwerer Schlag für ihn gewesen und beinahe hätte er seinem Leben ein Ende bereitet, wenn er nicht seine Arbeit gehabt hätte. Sie war es, die ihm in dieser Zeit einen Lebenssinn gespendet hatte, was nun leider nicht mehr der Fall war, da er sich ständig auf der Flucht befand. Damals stand er jeden Abend kurz vor Sonnenuntergang hinter dem Haus am Grab seiner Frau und sprach mit ihr, was ihm das Gefühl gab, sie sei nicht völlig aus seinem Dasein verschwunden. Und nach dem Erwachen blickte er stets aus dem Fenster auf ihre Ruhestätte und wünschte ihr einen guten Morgen.

In den Jahren danach hatte er dieses Verhalten nicht abgelegt, auch wenn er seit jenem Herbstmorgen nicht mehr an dem Grab gestanden hatte. Er sprach zu ihr und er dachte an sie, denn sie war die einzig wahre Liebe für ihn und er wusste, dass sie sich innerlich niemals trennen würden. Er hatte in seinem Leben schon mehrere Frauen vor ihr an seiner Seite gehabt, doch nur sie hatte ihm das Gefühl gegeben, dass jeder Moment vollkommen war; sie war seine Bestimmung und er die ihre, selbst über den Tod hinaus. Man hatte ihm gesagt, dass man das Wesen und die Reinheit der wahren Liebe erst am eigenen Sterbebett erkennen würde, da man zu Lebzeiten niemals sicher sein kann, dass man nicht doch einen Menschen trifft, der ein weitaus perfekteres Gegenstück bildet und noch tiefere Erfüllung schenkt. Diese Worte stimmten zwar, aber sein Herz sagte ihm, dass er all das in ihr gefunden hatte, und es gab keinen Anlass, es nicht zu glauben. Nach ihrem Tode hatte er auch nie das Bedürfnis gehabt, sich anderen Frauen zu nähern; es mangelte ihm weniger an Gelegenheiten, sondern am Willen, denn sie war weiterhin ein Teil von ihm – und würde es bleiben. Er hatte auch nicht den Eindruck, dass ihm etwas fehlte. Andere Menschen gehen nach einem solchen Schicksalsschlag neue Bindungen ein und werden glücklich, doch er ging seinen Weg, den er für den richtigen hielt.

In einigen Monaten würde das fünfte Jahr seiner Flucht anbrechen und der siebente Todestag seiner Frau. Sein Leben war leer, chaotisch und gefährlich, er hatte nur sein treues Schwert, ein Messer und die Kleider an seinem Leib; er beging nächtliche Diebstähle, um nicht zu verhungern, und schnitzte ab und an nachts Figuren und Gegenstände, um sie während seiner Flucht zu verkaufen, wenn sich die Möglichkeit bot. Tagsüber musste er lückenlos aufmerksam sein, zumal er nicht länger als einen Tag an einem Ort verbringen durfte, da er nach maximal zwei Tagen deutlich spüren konnte, dass sie bald bei ihm sein würden. Er konnte nur die Dunkelheit für sich nutzen und keine Freundschaften knüpfen, weil er die Menschen damit in Gefahr gebracht hätte. Er lebte einsam mit seinen Gedanken und Ängsten, mit seinen Erinnerungen und Träumen, sprach in klaren Nächten mit dem Mond und den Sternen und fühlte sich mit den Jahren immer mehr mit der Natur verbunden. Bäume, Blumen und Tiere, sie wurden seine Freunde, seine Familie.

Es vergingen nur sehr wenige Tage, an denen er sich nicht fragte, weshalb er überhaupt auf der Flucht war. Andere Menschen hätten sich den Männern ergeben oder das Dasein selbst beendet. Er wusste ja nicht einmal, weshalb ihm die Krieger nachstellten. Es war eine reine Vermutung, dass sie ihm das Leben rauben wollten, doch er konnte keine andere Möglichkeit ausmachen. Weshalb verfolgte man ihn über Jahre hin ohne Unterbrechung und tötete dabei Gegner, die im Weg waren? Weshalb griffen sie ihn an, wenn sie ihn gefunden hatten? Und warum waren sie nicht schneller und zahlreicher, um es endlich hinter sich zu bringen? Geschichten und Legenden berichteten von Gesandten der Unterwelt, die zur Erfüllung von Flüchen Leben raubten, von willkürlichen Auferstehungen des unabwendbaren Unheils, doch nichts war vergleichbar mit seinen Erlebnissen.

„Einige Dinge im Leben sind einfach so, wie sie sind, ohne dass wir einen Einfluss darauf haben", hatte ihm ein alter Mann gesagt, dem er seine Geschichte erzählt hatte. „Wenn es Euer Schicksal sein sollte, durch die Schwerter Euerer Verfolger zu sterben, so wird es sich erfüllen. Sollte Euere Bestimmung in einer ewigen Flucht bestehen, so werdet Ihr bis an Euer Ende fliehen. Wenn Euch etwas vorantreibt, dann soll es vermutlich so und nicht anders sein, denn solch ein blühender Drang wäre nutzlos. So verhält es sich mit allen Dingen. Es kennt zwar niemand das eigene Schicksal, dennoch kann sich jeder sicher sein, dass man sich fügen wird. Ob man allerdings vom Schicksal geformt wird oder ob man das Schicksal formt, das ist ein unlösbares Rätsel."

Im weiteren Verlauf des Gespräches sagte der Greis: „Dass Ihr bei Tage fliehen und in der Nacht ruhen könnt, hat einen Grund. Sollte das Schicksal gegen Euer Leben arbeiten, weshalb sollte es Euch dann die Fähigkeiten schenken, die Ihr bei Tageslicht habt? Am Tag könnt Ihr besser sehen und auf vieles besser reagieren, nachts hingegen seid Ihr blind und verloren. Alles hat zwei Seiten, doch im Ganzen betrachtet herrscht immer ein Ausgleich, ein Gleichgewicht. Der Tag vergeht wie die ihm folgende Nacht, zum Sommer gehört der Winter und zum Frühling der Herbst; Leben entspringt dem Tod und der Tod beendet das Leben. Man kann versuchen, alles zu ergründen, doch kann man sich sicher sein, dass das Schicksal sich selbst stärker behüten wird als eine Bärin ihren Nachwuchs. Ich möchte damit nicht sagen, dass die Welt sinnlos ist, ich möchte lediglich verdeutlichen, dass wir nicht jeden Zusammenhang ergründen und verstehen können. Wir leben und wir treffen Entscheidungen, wir sind unser eigener Herr und erfüllen das, was wir Schicksal nennen.

Wenn Ihr erfahren wollt, weshalb Euch die Männer folgen, so stellt sie zur Rede, doch seid darauf gefasst, möglicherweise ohne Antwort zu sterben. Vielleicht soll es einfach so sein. Vielleicht müsst Ihr sterben, damit ein Kind geboren werden kann, vielleicht seid Ihr auserwählt, um eine Aufgabe zu erfüllen, wie zum Beispiel Diebe auf Euere Verfolger aufmerksam zu machen und sie damit in ihr Verderben laufen zu lassen, was wiederum andere Reisende vor einem Überfall bewahrt. Vielleicht ist es aber auch gar nichts von alledem. Denkt stets daran: Ihr allein leitet Euere Schritte, nicht Euere Füße. Und Ihr bestimmt die Eile."

Der alte Mann hatte schon recht mit dem, was er sagte; es war wie es war. Man kann nicht einschlafen und in einem anderen Leben erwachen, egal wie sehr man es sich wünscht. Zwar hatte er keine der vielen Fragen beantworten können, er hatte aber auch nicht gesagt, dass man die Antworten niemals finden würde. Und vielleicht mussten noch weitere Jahre vergehen, bis sich die Ursache zeigen würde.

Hatte er eben etwas gehört?

Wie aus einem Traum aufgeschreckt blickte er sich um und hielt den Atem an. Langsam zog er das Schwert aus dem weichen Grund und erhob sich vorsichtig.

War es kühler geworden?

Nachdem er keine Bewegungen in der Nähe ausmachen konnte, sah er nach oben und erkannte, dass die Sonne schon weiter zum Horizont gezogen war. Er musste lange Zeit ausgeruht und nachgedacht haben, und nun hoffte er, dass es nicht zu lange gewesen war.

War es in der Ferne durch das schwindende Tageslicht dunkler geworden oder zog dort lautlos der Nebel auf?

Eine aufflammende Unruhe ergriff schlagartig immer mehr Besitz von ihm, so dass er sich beherrschen musste, nicht einfach loszurennen, um so schnell wie möglich den Wald zu verlassen. Übereilte Taten bargen gerade in seiner Situation die Gefahr, sich zu verraten und es den Jägern zu ermöglichen, ihre Beute zu überraschen und zu überwältigen. Er durfte sich keinen Fehltritt erlauben.

Hatten sie ihn schon umzingelt, um ihn zu beobachten und ihm aufzulauern?

Er atmete so konzentriert und so ruhig es nur ging, um alle eventuellen Geräusche hören zu können, während er sein Schwert fest mit beiden Händen umklammerte und es kampfbereit schräg nach vorn zum Boden richtete. Kein Vogel. Keine Stimmen. Keine Schritte. Nichts.

Behutsam bewegte er sich seitlich nach links, sich dabei nach allen Seiten umsehend und darauf achtend, seine gekreuzten Schritte so leise auszuführen, wie es ging. Da er von rechts gekommen war, verlor er durch die Art des Laufens nicht den Überblick, denn nichts war unvorteilhafter als der

Feind im Rücken. Auf die Ehrenhaftigkeit seiner Verfolger konnte und wollte er sich keinesfalls verlassen, denn die Tatsache, dass er sich, wenn nötig, selbst einem aussichtslosen Kampf stellen würde, bedeutete noch lange nicht, dass man ihm mit dem gleichen Stolz gegenübertreten würde. Zwischen all den Bäumen wäre die Benutzung von Pfeil und Bogen ungünstig, ausschließen konnte er sie aber nicht. Und so lief er kreuz und quer zwischen den Kiefern hindurch nach links, wachsam und möglichst still.

Er war fast fünf Jahre auf der Flucht, auf einer ziellosen Reise, und er wollte nicht, dass dieser Tag sein letzter war, zumal er sich langsam seinem Ende entgegen neigte. Er wollte noch so weit laufen, wie es die Lichtverhältnisse zulassen würden, um einen möglichst großen Abstand zwischen sich und die Unbekannten zu bringen. Vielleicht konnte er noch den Waldrand erreichen und sich irgendwo verstecken oder in einer Ortschaft in einem Gasthaus ein Bett finden, um wieder zu Kräften zu kommen.

Mit zunehmender Entfernung zu dem Platz, an dem er sich erholt hatte, beschleunigte er seine Geschwindigkeit, bis er sich im leichten Lauf zwischen den Kiefern befand, unstetig die Baumreihen wechselnd und das Schwert in seiner rechten Hand haltend. In all den Jahren hatte er sich eine sehr gute körperliche Verfassung angeeignet, die ihm ermöglichte, sehr lange Strecken ohne Pause zurückzulegen.

Sie waren nicht zu sehen.

Er würde sich ihnen nicht stellen. Nicht heute und nicht morgen. Er würde laufen, stehlen und sich verstecken, Figuren schnitzen und verkaufen, hoffen und sich immer wieder fragen, worin der Sinn lag und weshalb er es war, den man jagte. Möglicherweise würde er sogar eines Tages die Bedeutung von alledem ergründen. Bis dahin jedoch musste er der Tatsache in die Augen sehen, dass es wirklich Dinge gab, die so waren wie sie waren, und dass er mit ihnen leben musste oder mit ihnen sterben würde.

Und so lief er, während sich die Dunkelheit immer mehr ausbreitete, um seinen Jägern einmal mehr zu entkommen.

Papier und Feder – An den Gräbern

Der Geist benötigt Ruhe von Zeit zu Zeit, und wenn er sie nicht bekommt, so nimmt er sie sich, wie der Körper seinen Schlaf. Ob das auf jeden zutrifft oder nur auf einige, das kann ich nicht beurteilen. Ich für meinen Teil versuche ab und an bei einem Spaziergang Ruhe zu finden, was mir aber leider nicht immer glückt.

Als ich letztens auf einem Friedhof unterwegs war, stellte ich fest, dass es schon eigenartig ist, wenn man zwischen den Grabreihen läuft und sich überlegt, dass man irgendwann selbst dort liegt und Menschen an das eigene Grab kommen. Aber dieser Gedanke macht einen nicht lebendiger. Nicht im Tod und nicht im Leben.

Das Gras und der Wind

Es ist irgendwie beunruhigend und aufregend zugleich, hier direkt an der Kante zu sitzen, die Beine in der Luft zu haben und genau zu wissen, dass ein etwas stärkerer Windstoß ausreichen würde, einen in den Abgrund zu stürzen; auch könnte der Boden jederzeit unter mir nachgeben. Es ist eine unerklärliche Gratwanderung zwischen Leben und Tod, Mut und Leichtsinn, Faszination und Angst.

Links und rechts von mir erstreckt sich eine fast gerade Linie, die Luft und Erde trennt und deren Verlauf leicht vom Gras verfälscht wird, das am Rand wächst und über diesen hinaus nach unten hängt, als würden die anderen Halme versuchen, es in die kalten Fluten zu stürzen. Tief unten schlagen die mächtigen Wellen kraftvoll tosend gegen die steile Felswand, die nahezu lotrecht abfällt und keinen größeren Vorsprung besitzt. Ich habe mir schon oft die Frage gestellt, wie weit die Wand noch hinab ins Meer reicht, bevor sie auf den Grund trifft. Ich kenne die Antwort nicht, aber ich vermute, dass es Tiefen sein müssen, an die niemals auch nur ein Lichtstrahl vordringen kann, selbst wenn das Wasser regungslos und vollkommen rein wäre.

Seit ich hier sitze, kribbelt es in meinem Bauch. Es fühlt sich an, als würde der Meereswind durch meinen Körper wehen und dabei jede Faser so berühren, wie er das saftige Gras der Wiese berührt;

der Eindruck verstärkt sich deutlich, wenn ich die Augen schließe, den Kopf nach hinten lehne und meine Arme zu den Seiten hin weite. Leider verliere ich dabei schnell die Kontrolle über meinen Körper und beginne zu schwanken, wofür die Klippen eine mehr als ungeeignete Stelle sind. Herzrasen und feuchte Hände verdeutlichen zusätzlich meine Kurzlebigkeit und die des Momentes, denn ich weiß, dass es jeden Augenblick vorbei sein könnte; nur eine Unachtsamkeit oder ein ungünstiger Zufall trennen mich vom Ende.

Ungeachtet der allgegenwärtigen Gefahr fühle ich mich nur hier wirklich frei, denn alles um mich herum verschwindet – bis auf zwei Wege und eine Entscheidung.

Papier und Feder – Das Blatt der Wahrheit

Ich habe schon zahllose Seiten mit Gedanken gefüllt und kann mir nicht einmal vorstellen, wie viele Wörter den Weg auf das Papier gefunden haben. Aber wenn ich so darüber nachdenke, stelle ich fest, dass mir kein einziger Buchstabe dazu verholfen hat, die Antwort zu finden, die mich befriedigt. Vielleicht habe ich es im Hinterkopf bereits aufgegeben, an eben den Punkt zu kommen, an dem ich die Dinge so begreifen kann, wie sie sind, denn ich kann mir niemals sicher sein, ob ich tatsächlich die Wahrheit vor mir habe oder nur eine trübe Illusion. Ich weiß aber schon genau, dass jede Frage weitere Fragen aufwirft und jede Antwort noch mehr Fragen. Ich kann es am besten mit einem endlos großen Baum umschreiben: Eine Frage ist der Stamm, aus dem weitere Fragen entspringen, die jeweils einen neuen Ast bilden. Diese Fragen teilen sich im Anschluss wiederum in zahllos viele Äste, diese dann in kleinere Zweige und diese in noch kleinere; und das geschieht so lange, bis an einem Zweig ein Blatt wächst, welches eine Antwort darstellt. Die einzelnen Gabelungen in der Baumkrone bilden zwar auch Lösungen, aber sie tragen nur ihren Teil dazu bei, den endgültigen Weg zu finden – oder sich hoffnungslos zu verirren.

Vor einigen Jahren, als ich auf einer Reise war, unterhielt ich mich mit einem alten Mann, den ich hier einfach nur Meister nennen möchte. Zum einen ist mir nach all der Zeit sein Name entfallen und zum anderen zeugten seine Aussagen von einer solch enormen Weisheit, wie sie in meinen Augen nur ein Meister besitzen kann. Wir hatten uns mit einem Krug Wein vor den Mauern eines verlassenen Klosters niedergelassen, das auf einem Berg gelegen war, und blickten in der warmen Nachmittagssonne unter dem blauen Himmel in die klare Ferne, wo sich die mächtigen und schneebedeckten Gebirge aus den immergrünen Wäldern erhoben. Im Verlauf dieses Gespräches griff ich das Bild des gigantischen Baumes auf und merkte eher scherzhaft an, dass die Blätter vielleicht nur grün waren, weil sich darauf ebenfalls Bäume befinden und man nur die Farbe ihrer Kronen sieht.

Die Reaktion des Meisters auf diese Verdeutlichung traf mich in gewisser Weise wie ein Schlag, denn er sagte: „Doch woher nimmst Du die Gewissheit, dass Dein Baum der richtige ist hier in diesem Wald?"

Damit hatte er recht. Und selbst wenn es nur einen Baum gäbe und ich in der Lage wäre, jedes einzelne Blatt zu finden und zu verstehen, würde ich dennoch nicht wissen, woher die endlos verzweigten Wurzeln kommen und wohin sie ragen; ich würde nie erfahren, wo sie enden und woher der Baum sein unerschöpfliches Wissen bezieht. Zudem tragen Bäume Samen – womit ausgeschlossen wäre, dass der Baum allein ist, denn irgendwann wird es einem Keimling unweigerlich gelingen, kräftig zu gedeihen –, aus denen weitere

Bäume wachsen und damit noch mehr Fragen, wodurch die Wahrheit mehr zu einer Legende wird. Jeder neue Zweig macht sie unerreichbarer und die Suche schwieriger oder gar aussichtslos.

„Du musst auch jederzeit eines bedenken: Wenn Du eine Blüte hier in dieser Welt betrachten kannst, ist es auch möglich, dass diese Welt in einer Blüte existiert", erklärte der Meister. „Ich möchte Dich keineswegs entmutigen, denn es ist überaus löblich, wenn sich Menschen wie Du mit ihrem Herzen auf die Suche begeben, denn in der Welt ist es heutzutage beinahe unmöglich, sich zu besinnen und frei zu denken. Alles wird von Geld und Macht bestimmt, so dass unsere Gedanken nicht klar sind, sondern getrübt wie das Wasser in einem See, dessen schlammigen Grund man mit einem geworfenen Stein aufwühlt. Nur in der Einsamkeit ist es möglich, seiner geistigen Stimme aufmerksam und rein zu begegnen, denn sämtliche Gefühle zwischen den Menschen, gleich welcher Art, sind in diesem Fall nichts weiter als Nebel, der den Blick behindert. Die Stille und die Einsamkeit führen einen zum eigenen Ich, nichts anderes.

Es bedarf eigentlich keiner Wahrheit und auch keinem Beweis ihrer Richtigkeit."

Ich dachte einige Zeit darüber nach und sagte kein Wort. Ich sah nur hinab in das Tal, wo ich einige Bauern auf den Feldern dabei beobachten konnte, wie sie ihrer Arbeit nachgingen, und stellte mir die Frage, welchen Klang die Stimme meiner Gedanken hatte. Ich konnte nicht beurteilen, ob sie männlich oder weiblich war, ob hoch oder tief, ob ernst oder sanftmütig. Zu einer Beurteilung bin ich auch in diesem Augenblick nicht in der Lage, wobei ich mich frage, ob das überhaupt jemand ist, wenn er in seinen eigenen Schädel hört. Aber das ist ein anderes Thema.

Es ist nun einmal so, dass es ohne einen Samen keine Blüte und ohne Blüte keinen Samen geben kann. Es ist ein Kreis, ein Weg ohne Anfang und ohne Ende. Und genau das ist irgendwie bedrückend.

„Strebe nicht nach der Wahrheit, denn Du wirst sie nie erreichen. Erschaffe statt dessen Deine eigene Wahrheit, die Dich in Deinem Leben begleitet und dieses mit Erleuchtung erfüllt, ohne anderen damit zu schaden."

So hilfreich die Worte waren, so nutzlos waren sie auch, denn die alles erklärende Antwort konnten sie mir nicht verraten.

Wir unterhielten uns weiter und er sagte, dass sogar die Götter irgendwo einen Ursprung haben müssen und dass, so simpel es erscheinen mag, allein der Zufall ein Ursprung und ein Grund wäre, der – wobei er mit meinen Worten sprach – irgendwo tief in der Erde an einer der Wurzeln oder hoch oben in einem der Blätter liegen musste.

„Es ist schwer zu sagen, wohin alles gehen wird, doch es ist bedeutend schwerer zu sagen, woher alles kam", sagte der Meister. Ich stimmte ihm zu, während er einen weiteren Schluck Wein aus dem Krug trank. „Man kann weder einen

Augenaufschlag in die Zukunft greifen noch in die Vergangenheit, denn es gibt nur das Jetzt. Der Unterschied besteht nur darin, dass man die Zukunft durch Überlegungen in einem gewissen Rahmen beeinflussen kann. Es ist und bleibt bei alledem jedoch zweifelsohne weiterhin fraglich, ob sich etwas ändern würde, wenn man den Ursprung gefunden hat."

Das ist wirklich fraglich. Noch fraglicher ist allerdings, ob man die Wahrheit überhaupt erkennen und verstehen könnte, selbst wenn sie direkt vor einem liegen würde. Zudem widerspreche ich mir selbst, wenn ich von einem unendlich großen Baum und der Suche nach dem richtigen Blatt spreche, denn wie kann man in der Endlosigkeit etwas finden, von dem man nicht einmal weiß, was es ist? Und, wie es nun einmal mit Bäumen so ist, besteht immer die Gefahr, dass das entsprechende Blatt bereits vom Wind abgerissen wurde und an der leeren Stelle eine weitere Lüge entsteht. Sogar wenn jemand vor mir stehen und sagen würde: „Alles existiert schon immer und es gibt keinen Grund und keinen Sinn und Du musst nicht weiter suchen, denn dies ist die einzig wahre Antwort unter all den Lügen hier in der Ewigkeit", und es ausgeschlossen wäre, dass diese Person lügt, könnte ich ihr nicht glauben. Das könnte wohl niemand, denn man besitzt keine Vergleichsmöglichkeiten. Hinzu kommt, dass die Akzeptanz ein Burggraben wäre, den man um sich und seinen Geist gräbt. Aber ich denke, dass die Erkenntnis über die Wahrheit ohnehin darin untergehen würde, dass man es nicht hinnehmen könnte, alles zu wissen und keine Fragen und Rätsel mehr zu haben; man würde es einfach nicht glauben, weitere Fragen stellen und intensiver denn je suchen. Oder man würde sich das Leben nehmen, weil es nichts Unbekanntes mehr gibt, wonach es sich zu streben lohnt. Es wäre alles möglich; aber selbst die Antwort auf diese Frage ist lediglich ein weiteres Blatt an einem Zweig im Wind.

Wir unterhielten uns noch eine Weile, bis der Weinkrug leer und es an der Zeit war, das Gespräch zu beenden, denn ich wollte noch vor der Dämmerung einige Landstriche hinter mir lassen und meine Reise fortsetzen. Und so verabschiedeten wir uns, dankten uns gegenseitig für das angenehme Gespräch und gingen unserer Wege.

Das alles ist nun schon viele Jahre her und taucht trotzdem immer wieder in meinen Gedanken auf, wenn ich zum Beispiel einen großen Baum sehe. Der Meister meinte, es sei schon verblüffend, dass die Natur selbst für die Darstellung einer so komplexen Materie eine Möglichkeit gefunden hat. Das stimmt natürlich. Ich erkenne zwar neben diesem Wunder auch, dass die Suche für dieses Leben hier aussichtslos ist, lasse mich davon aber nicht entmutigen; ich suche sozusagen tapfer weiter – nach dem einen Blatt der Wahrheit.

Die Schüsseln am Waldrand

Moosbedeckt sind sie
Die vielen alten Schüsseln
Hier am Waldesrand

Vom Himmel herab
Fließt goldenes Licht zu mir
Sanft nach dem Regen

Die Sonne scheint hell
An all den Schalen vorbei
Die vor mir stehen

Überall schimmert es
Im Gras und in den Bäumen
Völlig klar und rein

Einige Schüsseln
Liebevoll angefertigt
Aus Marmor und Holz

Keramik und Stein
Formen die Behältnisse
Weich und fest zugleich

Wasser fällt nieder
Tropft in die vollen Schüsseln
Und belebt das Nass

Ich knie still im Gras
Gestützt auf mein treues Schwert
Und lausche dem Wald

Das Spiel des Wassers
Kalt funkelnd und harmonisch
Erheitert mein Herz

Der Farn wiegt sich leicht
Im Rhythmus mit den Wellen
Im waldfrischen Wind

Kleine Sturzbäche
Wasseräderchen und Tropfen
Malen die Schönheit

Ich weile friedlich
Bei den Schüsseln hier im Wald
Und beobachte

Teil 3 – Sonnenspiel

Die weiten Wiesen
Wogenumspielt und heiter
In der Dämmerung

Abendregenmelodei

Der kalte Regen spielt
Mir sanft eine Melodie
Wispernd, rauschend, kalt
Gerade an mein Herz

Ich blicke hinaus ins Nichts
In den dunklen Regentraum
Und mein Geist entsteigt
Sachte meinem Leib

Und so schwebe ich hinfort
Gedankentänzerisch und ruhig
Weit in die Stille
Wo der weiche Regen fällt

Der Mondglanz im Tau

Tau auf meiner Zunge
Hier im feuchten Gras
Die kühle Erde unter mir
Meine Haut in Sanftheit nass

Ohne Regung vergeht die Nacht
Als wäre ich gar nicht hier
Doch kann ich es deutlich fühlen
Lautlos klar tief in mir

So liege ich im Nichts
Fern vom Chaos dieser Welt
Ich träume mich an einen fernen Ort
Hinauf ganz weit zum Himmelszelt

Hoffnungsmelodie

Ein Vogel singt gar zauberhaft
Irgendwo in der klaren Nacht
Und beruhigt damit angenehm
Die aufgewühlten Seelen

Seine Lieder schweben leicht
Im Glanz der vielen Sterne
Aus der weiten Dunkelheit
Zu mir hier am Waldesrand

Viele andere kamen auch
Um dem Klang zu lauschen
Sie stehen und sie sitzen
Und sie schweigen regungslos

Ob der Vogel davon weiß
Wie sehr er uns erfreut
Dass er Licht der Hoffnung ist
Und schöne Träume schenkt

Leider dauert es nicht lange
Bis seine Melodie verstummt
Doch wir wissen ganz genau
Dass er wieder für uns singt

So verlassen wir den Wald
Und wischen unsere Tränen fort
Tränen tiefen Glücks
Die uns der Vogel gab

Blätterwind

Tanze Blätterwind
Tanze farbenfroh und rein
Tanze Blätterwind
Tanze hier im Sonnenschein

An einem trüben Morgen

Blaukalt liegen die Hügel
Einsam in der Ferne
Nebelverhangen und leer
An diesem trüben Morgen

Das saftig frische Gras
Kühlt meine nackte Haut
Und die klaren Winde streichen
Über die endlos weiten Wiesen

Ein neuer Tag bricht an
Während die Dunkelheit verblasst
Was war wird niemals wieder sein
Was bleibt ist die Erinnerung

Ich komme aus der Nacht
Und erwarte den neuen Tag
Doch verweile ich im Jetzt
In der sanften Dämmerung

Waldgedanken

Der kühle Duft des Waldes
Das Rauschen in den Kronen
Nektar meines Geistes
Erholung meiner Sinne

Ich lausche Eueren stummen Worten
Sehe Euer Blätterspiel
Ich höre des Windes leises Wispern
Ein Lächeln der Natur

Euer moosbedecktes Heim
Im Lichtspiel dieses Tages
Es ist mein wundervoller Zufluchtsort
Denn Ihr könnt mich verstehen

Ihr blickt auf mich herab
Doch nicht gefährlich oder thronend
Ihr haltet Euere Hände auf
Und nehmt mir meinen Kummer

Ich fühle Euere Macht
Die Weisheit und die Kraft
Seid Hirten vieler Seelen
Wächter vieler Tränen

Wie viele Herzen gab es schon
Die Euch von Leid erzählten
Und doch hört Ihr immer zu
Wenn ich mit Euch spreche

Ich freue mich Euch zu sehen
Wenn mein Weg mich zu Euch führt
Und ich kann gehen ohne Reue
Denn in Gedanken bleibe ich bei Euch

Regeneration

Blätterrauschen am Waldesrand
Für meine Seele ein Heilungstrank
Der Duft der reinen Natur
Für meinen Geist eine belebende Kur

Fern vom Stress der Zeit
Die Ruhe in mir weilt
Den einfachen Moment erleben
Dieses Genießen ist ein Segen

Und so tanke ich neue Kraft
Welche Tatendrang erschafft
Ausgeruht und mit Elan
Gehe ich später Neues an

Himmelfeuerglanz I – Abendwogen

Sanft schwebt der Abendhauch
Lieblich zu mir heran
Über die endlos weichen Wogen
Der Weizenfelder und Wiesen

Der Kuss der Ruhe
Betört zärtlich mein Herz
Unter den Schäfchenwolken
Im Himmelfeuerglanz

Frühlingsmorgentraum

Die Luft angenehm frisch
Der Himmel voller Sonnenschein
Bäume, feuchte Erde und Gras
Der Geruch vollkommen rein

Auf den Zweigen singen
Vöglein in der Sonne
Ein tiefer Atemzug bringt
Seelenfrieden und angenehme Wonne

Das kräftige Blau des Himmels
Zeichen der Hoffnung und der Ruhe
Erwachendes Leben überall
Die Natur eines Schatzes Truhe

Das magische Spiel des Morgens
Aufgeführt einzig nur für meinen Geist
So genieße ich fern von der Welt
Während mein Herz in den Frühling reist

Sommerblütentraum

Die Blicke fliegen lautlos
Aus den Wiesen hoch empor
Von den zarten Blüten
Zu den leichten Wolken

Süß und frisch
Weht der warme Wind
Und wiegt ganz sanft
Die bunten Weiten

Die Baumkronen flüstern
Rauschend ihre Verse
Und die Vögel singen
Ihre schönen Lieder

Mit den Schmetterlingen
Tanzt die Heiterkeit
Und auch die Freude
An der lebhaften Natur

Nachtszene

Bei Musik und Kerzenschein
Und leichtem Opiumduft
Findet meine Seele manchmal Ruhe
Und mein Geist lebt frei

Gar lieblicher Wein
Spült sanft meinen Gaumen
Er liebkost meine Kehle
Und umspielt mein Herz

Und so verlebe ich die Nacht
Umgeben von Dunkelheit
Nur ich und die Atmosphäre
Nur ich und der Moment

Moment im Gras

Der frische Wind
Klar und rein
Streicht durch die Bäume
Rauschend im Sonnenschein

Am blauen Himmel
Dort ziehen sie
Zahllose Schäfchenwolken
Unbekannt ihr fernes Ziel

Während Vögel zwitschern
Und Insekten fliegen
Genieße ich den Moment
Einfach still im Gras zu liegen

Die Beine in der Wärme
Im hellen Sommerschein
Der Rest im kühlen Schatten
So lasse ich Ruhe in die Seele ein

Der Frieden im Augenblick
Und die Gesamtheit der Natur
Alles im sanften Einklang
Schafft Inspirationen pur

Die Adler und die Ruhe

Am kühlen Morgenhorizont
Brennt fern ein rosa Feuer
Im Wolkenreich erwacht der Tag
In meinem Herzen brennt die Glut

Die Schrecken sind vergangen
Die reine Luft spendet Kraft
Die Moore liegen weit zurück
Unheilvoll im Nebelbann

Der Regen hat hinfort gespült
Das Blut von meinem Leib
Den Tod von meinem Schwert
Und die Wut aus meinen Augen

Ich schreite über die kalten Wiesen
Und lasse mein Schwert zurück
Denn ich möchte einsam Ruhe finden
Und mit den Adlern ziehen

Regennacht

Wogengleich fällt der Regen
Vom Wind gepeitscht auf das Dach
Ich liege da und lausche
Mit geschlossenen Augen und doch wach

Das Wasser tropft und spielt
Es klingt ein sanfter Nachtgesang
Ruhe weht an mein Herz
Durch das Fenster her im Windesklang

Der klare Duft der Weite
Endlose Kraft für mein Streben
Es erwachen Träume still in mir
Die mir Stärke und auch Hoffnung geben

So erhebe ich mich und schreibe
Worte zu Papier im Kerzenschein
Hand in Hand mit dem kühlen Hauch
Denn diese Regennacht ist einzig mein

Vergänglichkeit des Schönen

Die Jungfräulichkeit des Tages
An einem kühlen Morgen
Zauberhaft und rein
In der frischen Luft

Still liegen die Wiesen
Verlassen die weiten Wälder
Die Ruhe liegt behütend
Auf der einsamen Natur

Dort stehe ich
Nackt und regungslos
Ich atme den Morgen
Mit meiner Haut

Wie die Nacht entgleitet
So entschläft der Moment
Die friedliche Stimmung vergeht
Im erwachenden Tag

Das Wunder der Nacht

Die Nacht sie ringt um meine Gunst
Mit Sternenglanz und Gesang
Aus dem Tau der feuchten Wiesen
Schwebt zu mir ihr sanfter Klang

„Lasse Dich nieder hier bei mir"
Flüstert sie mir zärtlich zu
„Reinige erholsam Deinen Geist
Und fülle ihn mit tiefer Ruh'"

Des Tages wildes Treiben
Löst sich auf im Mondenschein
Die Gedanken werden langsam heller
Taubenetzt und völlig rein

„Komm an meinen Busen
Und küsse ihn mit Zärtlichkeit
Fühle meine kühle Haut
Ich liebe Dich in Ewigkeit"

„Der Mond ist unser Hirte
Wir sind uns beide gleich
Gedanklich tief verbunden
Hier in meinem weiten Reich"

So verweilen wir zu zweit
Und lassen uns verführen
Zaghaft und doch losgelöst
Möchten einzig wir nur uns berühren

Nachttau

Morgennächtlich singen
Die Vögel sanft und klingen
Traumhaft aus der Dunkelheit
Aus dem Walde nicht sehr weit

Mondlos liegen die feuchten Wiesen
Über denen die Sterne sich ergießen
Hernieder auf meinen Geist
Der im frischen Winde reist

So blicke ich aus dem Gras empor
Und lausche still dem zarten Chor
Fühle unter mir den kühlen Grund
Und genieße einzig diese Stund

Über den Frühling

Die Sonne kehrt zurück
Und erhellt die Natur
Der Winter wird vertrieben
Er bleibt ein Gedanke nur

Vorbei die Zeit des Frostes
Verjagt werden Schnee und Eis
Die Natur wird immer wärmer
Immer heller und auch heiß

Die Farblosigkeit der Welt
Sie weicht dem sanften Grün
Alles wird lebendig und bunt
Bald die ersten Blumen blühen

Die Stille hat ein Ende
Die Vögel singen wieder
Munter und in vielen Tönen
Zwitschern sie ihre Lieder

In der Luft liegt ein Geruch
So mild und traumhaft schön
Von Blüten und frischen Pflanzen
Welche alle zur Sonne sehen

Der erste Frühlingsregen
Er macht die Welt ganz rein
Befreit sie von der Dunkelheit
Und lädt den Sommer ein

Die Welt verändert sich
Auf ihre eigene Weise
Das Erwachen aus dem Schlaf
Der Beginn einer neuen Reise

Die Stille des Winters
Sie weicht mit der Finsternis
Um ihre Zeit abzuwarten
Und wieder zu ergreifen den Besitz

Der Frühling bringt es wieder
Der Natur lebendiges Gesicht
So farbenfroh und laut
Missen möchte ich es nicht

Der Frühling ist eigen
Er ist einer der großen Vier
Jedes Jahr ist es schön
Wenn er beweist seine Lebensgier

Über den Sommer

Die Grillen zirpen munter
Und Vögel singen und fliegen
Während andere Tiere im Schatten ruhen
Oder schlafend in der Sonne liegen

Eine Zeit des Lebens
Bunt, geräuschvoll und schön
Doch auch eine des Sterbens
Wenn Pflanzen in der Wärme vergehen

Die Luft steht oft still
Die Hitze ist erdrückend schwer
Kühle ist ein ferner Traum
Hoffen kann man noch so sehr

Doch Erleichterung ist zu spüren
Wenn der Regen endlich fällt
Noch lebendiger alles wird
Wenn wieder zu Kräften kommt die Welt

Abends kann sich der Himmel färben
Als wäre er ein Meer aus Flammen
Die Luft wird orange und geheimnisvoll
Alles vermag die Gedanken zu bannen

Nachts erstrahlt der weiße Mond
Hoch oben am Sternenzelt
Insekten singen in der Dunkelheit
Frieden liegt auf der Welt

Die frische Luft bringt tiefen Schlaf
Nach einem Tag in der Sonne
Oder man dreht sich nur hin und her
Denn Schwüle ist keine Wonne

Das Goldlicht schenkt ein Lächeln
Fern ist des Winters Grau
Ein Tag beginnt viel fröhlicher
Mit einem Blick auf funkelnden Tau

Das kräftige Blau ohne Wolken
Begleitet von angenehmer Frische am Morgen
Dies lässt viel Sonne vermuten
Glück und etwas weniger Sorgen

Der Sommer ist einzigartig
So vergänglich er auch ist
Wie auch Frühling, Herbst und Winter
Vermissen möchte ich ihn nicht

Himmelfeuerglanz II – Samurai

Ich hocke einsam am Feldrand
Und atme tief den Moment
Ich stütze mich erschöpft
Auf mein treues Schwert

Die Feinde sind erschlagen
Doch ich trage ihre Wunden
Die Erde trinkt von meinem Blut
Und nimmt mich lächelnd auf

Über den Herbst

Grün, gelb, rot und braun
Das Laub der Eichen
Wind durch ihre Kronen streift
Auf dass die zahllosen Blätter weichen

Der Himmel blau und makellos
Niedrig an ihm die Sonne steht
Bringt die Blätter noch einmal zum Funkeln
Bevor der Winter kommt und der Herbst vergeht

Das beruhigende Rauschen des Windes
Und der Vögel zarter Gesang
Beides trägt hinfort meinen Geist
So dass ich mich entspannen kann

Die Schatten liegen lang
Auf dem Gras voller Tau
Langsam bringt der Wind heran
Wolken und Tage voller Grau

Das Rauschen des Windes
Dem Trommeln des Regens weicht
Unter den fallenden Tropfen
Sich die letzten Blätter wiegen leicht

Irgendwann haben Regen und der Wind
Alle Bäume kahl gemacht
Die Tage werden kürzer
Dafür mächtiger die Nacht

Doch in all dem Grau
Ist es immer wieder schön
Wenn die Wolken reißen auf
Und die Sonne ist kurz zu sehen

Der Herbst ist eine Zeit der Gefühle
Und ich möchte ihn nicht missen
Dass sie noch in drei weiteren Zeiten sind
Ist im Herzen schön zu wissen

Doch verbindet keine andere Zeit
Schönheit und Trostlosigkeit so gut
Deshalb ist er einzigartig
Voller seelischer Freude und auch Not

Über den Winter

Makellos der blaue Himmel
Eisig klar die kalte Luft
Still die ganze Welt
Nur selten ein Vogel ruft

Überall glitzerndes Eis
Sonnenschein sich erstreckt
Alles frisch und wunderschön
Weißer Schnee alles bedeckt

Doch vor dieser Schönheit
Kommt immer des Schnees Fall
Grau und unerbittlich der Himmel
Frost und Kälte überall

Lautlos die Flocken sinken
Zahllos viele zur gleichen Zeit
Verhüllen komplett die Welt
Machen sie weiß weit und breit

Doch irgendwann wird es hell
Der Himmel klar und blau
Die Welt wird freundlich
Es wird vertrieben das Grau

In der friedlichen Sonne
Unter weitem Himmel ist es schön
Warm angezogen
Durch die klirrende Natur zu gehen

Jeder Atemzug schmerzt
Die Nasenflügel kleben zusammen
Beim Ausatmen stößt Nebel hervor
Tanzend wie graue Flammen

Der Winter ist meist eisig
Bitterkalt und gemein
Drum bin ich froh
Dass er nicht immer kann sein

Doch er ist einzigartig
Hat sein eigenes Gesicht
Wie die anderen Jahreszeiten
Missen möchte ich ihn nicht

Die Birken

Birkenblätter funkeln sanft
Wiegen sich im Wind
Sie die perfekte Ergänzung
Zum Grau und Weiß des Stammes sind

Licht und Schatten
Ein endlos schönes Spiel
Tanzend über die Bäume
Ich nur Frieden in mir fühl'

Zerbrechlich und fein
Doch auch unwirklich und eigen
So ragen sie empor
Um ihre Schönheit allen zu zeigen

Die Birke
Der schönste Baum für mich
Für sie diese Zeilen
Ihr eigenes Gedicht

Jahreszeiten

Im Frühling frisches Grün überall erscheint
Im Sommer Sonne und Himmelsblau sind vereint
Im Herbst graue Wolken und bunte Blätter
Im Winter glitzernder Schnee und frostiges
Wetter

Spätsommermorgen

Wie wunderschön bist Du doch
Du Spätsommermorgen
Dein kühler Tau auf den Wiesen
Deine Frische in der Luft

Dein Wind bewegt die Blätter
Ein sanftes Spiel der Farben
Zeigst die vergehende Schönheit
In ihrer letzten Pracht

Ruhe liegt in Deinem Sein
Frieden für mein Herz
Ich kann mich völlig fallen lassen
Und den Moment genießen

Du schenkst mir Freude
Obwohl Du mich nicht kennst
Und ein Teil wird ewig bleiben
Denn mein Dank ist Dir gewiss

Ein Sturm in der Nacht

Ein Sturm zieht durch die Nacht
Und treibt die Wolken vor sich her
Er lässt die Bäume tosend fauchen
Und die Luft zügellos erbeben

Das Gras wirkt wie ein Meer
Belebend frisch und endlos weit
Im Silberschein des Mondes
Der ab und an vom Himmel fällt

In diesem Zwielicht stehe ich
Am Rand zwischen Hell und Dunkel
Ich fühle wie der Wind mich küsst
Und mir einen kühlen Schauder schenkt

Ich lasse mich friedlich fallen
In die schwarzen Wiesenwogen
Und blicke in die unsichtbaren Höhen
Arme und Beine von mir gestreckt

Ich möchte hier die Nacht verbringen
Und mich von der Sonne wecken lassen
Erfrischt im klaren Tau erwachen
Und zum blauen Himmel sehen

Bilder des Jahres

Wenn im Frühling der letzte Schnee
Lautlos sanft im Grün vergeht
Und das neu erwachte Leben
Die Natur farbenfroh erfüllt

Wenn im Sommer leichte Winde
Wogen über Wiesen führen
Und der Gesang der vielen Vögel
Im Sonnenuntergang erklingt

Wenn im Herbst der erste Frost
Im Morgensonnenschein erstrahlt
Und der kalte und doch schöne Wind
Die Blätter von den Bäumen trägt

Wenn im Winter die klare Luft
Den kalten Tag verzaubert
Und feiner Schnee die Welt
Mit seinem Glanz umhüllt

Wenn man diese Dinge sieht
In einem stillen Augenblick
Kann man sich besinnen
Und die Natur genießen

Moment am Meer

Wild tanzt das rote Ahornlaub
In einem Meer aus Wind
Hoch schlagen die Wellen
In der frischen, kühlen Luft
Schnell ziehen die Wolken
Am strahlenden Himmel
Eifrig wiegt sich das grüne Gras
In der starken Brise
Der Gesang der Möwen
Durchzieht die salzige Luft
Ich stehe an der Klippe
Und atme tief durch
Blicke und höre mich um
Und genieße den Moment

An den Wald

Von vielen Dingen können sie
Die Bäume uns berichten
Von schaurigen Begebenheiten
Und düsteren Geschichten

Menschliches Glück und Leid
Abgrundtiefe Schmerzen
Die Lieder in den Blättern flüstern
Geheimnisse so vieler Herzen

Die weiten alten Bäume
Sind Augen der Vergangenheit
Mächtig, friedlich und doch sonderbar
Thronen sie in Schweigsamkeit

Unter ihren rauschenden Kronen
Können Angst und Schrecken sein
Licht und auch Geborgenheit
Ein völlig ruhiger Hoffnungsschein

Die Wälder hören immer zu
Gleich welcher Kummer die Seele plagt
Sie spenden Kraft und Stille
Gleich ob man schweigt oder etwas sagt

Tiere und das Pflanzenreich
Beleben die hölzernen Weiten
Und Gesang und Waldesduft
Hinfort in schöne Träume leiten

Der Wald ist wunderbar
Schenkt Gedanken und ist weise
Ein wahrlich treuer Freund
Zu dem ich wirklich gerne reise

Herbstwindtraum

Unter dem blauen Himmel
Liegt der erste Frost
Auf den bunten Blättern
An den Bäumen und am Boden

Im letzten Sonnenlicht
Singen die Vögel
Und eine kalte Reinheit
Liegt in der Luft

Die Welt schläft friedlich ein
All die Pracht verblüht
Die letzte Schönheit
Vor dem rauen Winter

So rauschen die Winde
Einsam über das Land
Und tragen entschlossen
Den Herbsttraum hinfort

Wintertagtraum

An einem Tag wie diesem
Gleicht mein Geist einem Vogel
Er fliegt vollkommen heiter
Frei und ohne Ziel

Er gleitet durch den Himmel
Der da liegt strahlend blau
Wärmt sich am Sonnenlicht
Das glitzert im Schnee

Die Vögel singen fröhlich
Sonnenwärme küsst mein Gesicht
Der Schnee knistert sanft
Unter meinen Schritten

Es ist ein schöner Wintertag
Fern von Zeit und Kummer
Ein Moment der Ruhe
Für Körper und den Geist

Himmelfeuerglanz III – Sternentuch

Ich erhebe mich und schreite
In das weite Feld
Während die Welt versinkt
Im tiefen Abendrot

In den Flammen am Horizont
Denen die Nacht entfließt
Finde ich meine Ruhe
Im Schoß der warmen Erde

Regen über den Weizenfeldern

Der warme Regen fällt
Herab auf meine Haut
Ich trinke aus dem Wolkenreich
Welches grollt zu mir gar laut

Meine Schritte leiten mich
Über die weiten Felder
Hinfort vom Chaos
In die grünen Bambuswälder

Der Geruch der Natur
Die Luft so frisch und klar
Erfüllt rein meine Lunge
Schenkt mir Kraft so wunderbar

Belebender Wind geht um
Munter viele Vögel singen
Das Donnertosen bebt
Während bunte Lieder klingen

Friedlich will ich ruhen
Dort unter dem Blätterdach
Und meine Verse schreiben
Bei Vogellied und Himmelskrach

Dichten will ich
Von Blumen und von Wiesen
Mit der Tinte auf das Papier
Meine Gedanken sollen fließen

Doch die Wälder sind noch fern
Die Weizenfelder weit
Und so folge ich dem Pfad
Unter dem grauen Abendregenkleid

Der Zitronenfalter

Fliege hier im Sommerwind
Wo Löwenzahnsamen schweben
Steige auf Du Schmetterling
Um in die Freiheit fort zu streben

Tanze mit den anderen
Weit über dem Blumenfeld
Erhellt mit bunter Farbe nun
Diese oftmals dunkle Welt

Zieht mit den zarten Rosenblättern
Die der kühle Wind verweht
Und werdet eins mit all dem Laub
Welches gar bunt im Herbst vergeht

Trinkt den Tau des jungen Morgens
Und lasst die lange Nacht vergehen
Auf dass die sanften Herzen dann
Euere klare Schönheit sehen

Geburt der Hoffnung

Oh trage mich ganz weit weg
Hirte dieser klaren Nacht
Entführe mich völlig sanft
Mit Deiner kühlen Zauberpracht

Umspiele meinen freien Geist
Wie ein Hauch die fernen Weiten
Löse mich aus diesem Sein
In wogenleichte Mondglanzzeiten

Küsse mich wie der Tau
Und streichle mich wie der Wind
Verschlinge mich wie das Gras
Auf dass wir ewiglich verbunden sind

Wenn die Sonne dann zum Himmel strebt
Glühend warm und lachend gar
Wird das Wissen in mir weilen
Dass nur die Nacht den Tag gebar

Schneeflocken

Das Weiß liegt weich wie Wolken
Die vom Himmel gefallen sind
Und ich frage mich was er denkt
Der Schnee wenn er weht im Wind

Lachen die großen Flocken
In der geisterhaften Stille
Beobachten sie uns unsichtbar
Sind die Fragen ihr letzter Wille

Schneeflockentanz im Laternenschein
Ich möchte wissen was Ihr denkt
Ich möchte gerne vereint mit Euch sein
Wenn sich das Eis zum Boden senkt

Ich möchte durch die Lüfte schweben
Und mich losgelöst nur drehen
Und dann im Frühling möchte ich
Im Grün der Wiesen sanft vergehen

Im Birkenhain

Im Birkenhain da liege ich
Im weichen grünen Gras
Blicke hoch zum blauen Himmel
In den gelben Blättertanz

Ich fühle die kühle Erde
Unter mir so wohlig sanft
Ich schließe meine Augen
Und nehme auf die reine Kraft

Ich lasse mich endlos fallen
Atme ein die frische Luft
Ich spüre die Seele der Natur
Und ihren lieblich zarten Kuss

Die Bäume wispern leise
Rauschen Geschichten zu mir herab
Sie lassen mich entspannen
Unter ihrer geheimnisvollen Macht

Dies sind die Momente
In denen ich fühle wer ich bin
Ein ewiger Träumer fern von hier
Mit Gedanken unruhig wie der Wind

Taugedanke

Liebkose mich
Oh Sonnenschein
Und küsse meine kühle Haut

Komm nur näher
Zaghaft und doch bestimmt
Und erfülle mich mit Deinem Licht

Befreie mich
Mit Deiner sanften Ruhe
Und trage lautlos mich hinfort

Grüner Halm so bleibe
Gehe nicht verloren
Und ich komme zu Dir zurück

Das welke Blatt

Einsam sinkt ein welkes Blatt
Rötlich braun vor mir herab
Landet sanft am kühlen Boden
Losgelöst von ganz weit oben

Es gleicht einer gereichten Hand
So flüstert es mir der Verstand
Ein Lächeln aus den Herbstblattkronen
Von denen die im Wald hier thronen

Ein zweites Blatt fällt hernieder
Im sanften Klang der Waldreichlieder
Ich fühle mich behütet und geborgen
Hier wo sie vergehen meine Sorgen

Und plötzlich dann mit einem Mal
Fällt Blätterregen überall
Mein Herz beginnt fröhlich zu scheinen
Auch wenn die Bäume Blätter weinen

Sie sagen mir es ist nie zu spät
Denn irgendwann mein Leid vergeht
Wie der Sommer nun im Herbst entschwindet
Sich der Winter mit dem Frühling verbindet

„Habe keine Angst Du Menschenkind
Auch wenn nur wir vertraut Dir sind
Deine Gedanken werden Dich tapfer leiten
In unbekannte Zukunftsweiten"

„Komme zu uns wann Du willst
Du Dich leer und einsam fühlst
Doch lasse auch die Hoffnung zu
Denn Deinen Pfad bestimmst nur Du"

So danke ich dem Rat der Bäume
Dem Heim der Phantasie und der Träume
Ich schreite gestärkt sodann hinfort
Irgendwann wiederkehrend an diesen schönen Ort

Teil 4 – Nachtglanz

Die Totenfeuer
Im Frost der alten Wälder
Sie brennen endlos

Sonnenaufgang am Meer

Ein Schritt nur
Hinab in die
Endlosigkeit

Losgelöst und frei
Vom Schmerz
Dieser Welt

Adlergleich
Mein Traum
Er entfliegt

Hinfort
Auf Sonnenschwingen
Zum Horizont

Das kleine Lied am Wegesrand

Wandersmann ich bitte Dich
Spiele mir ein Lied der Nacht
Ich möchte dass mein Blut gefriert
Und Schauder kalt erwacht

„Totenfrost und Dornenzungen
Nebelhorn und Grabgesang
Winternacht und Galgenwald
Sternenglanz und Wiedergang"

„Leiber streben aus den Sümpfen
Und folgen dem verfluchten Pfad
Blutüberströmt umarmt Dich dann
Die leblos blasse Totenmagd"

„Deine Kehle sie bleibt stumm
Niemand kann Dich retten
Verdammt bist Du gefangen
Und faulst an harten Ketten"

„Deine Qual währt ewiglich
Keiner kann Dich hören
Denn in den weiten Nachtmärwäldern
Wird nur Schrecken Dich betören"

„Es war Dein Wunsch
So wird es sein
Die Toten heute Nacht
Werden suchen Dich grausam heim"

Wandersmann ich danke Dir
Für diese dunklen Zeilen
Doch bin ich es der dem Moor entstiegen
Und Du wirst bei mir weilen

Unter dem Sternenhimmel

Mit zahllosen Augen
Blicke ich zu Dir herab
In dieser mondlosen
Sternenklaren Nacht

Mein kalter Atem
So sanft und rein
Er streichelt Deine Haut
Voller Sinnlichkeit

Fühlst Du die Freiheit
Die ich in mir trage
Spürst Du die Ewigkeit
Die Dich umgibt

Deine Traurigkeit vergeht
Hier ganz nah bei mir
Deine Gedanken werden leicht
Und blühen schmetterlingsgleich

Ich sah unzählige Tränen
Vernahm endlos viele Worte
Ich erblickte tiefes Leid
Und verlor nie die Hoffnung

Küsse meine kühle Scham
Berühre meinen Leib
Nimm meine zarte Hand
Und folge mir ins Nichts

Öffne Deinen Geist
Und schenke mir Dein Herz
Ich kann Dir vieles zeigen
Denn ich bin die Sternennacht

Der Tod namens Winter

Langsam komme ich gekrochen
Unsichtbar und fürchterlich
Oder der Wind führt mich mit
Fauchend voller Zorn

Ich schneide Deine Haut entzwei
Mit Tausend scharfen Klingen
Bereite Dir tiefe Schmerzen
So als sei ich ein Feuer

Langsam kühle ich Dich aus
Raube Dir Dein Lebenslicht
Ich friere Deinen Leib starr
Und nehme ihn in mich auf

Ohne Gnade wüte ich
Vernichte was ich kann
Ich bringe Leid und den Tod
Denn ich bin der Winter

Spaziergang in die Nacht

Die Blätter rascheln unheimlich
Unter meinen Schritten
Während ich den Pfad beschreite
Zum Friedhof hier im Wald

Raben hocken über mir
In den schwarzen Knochenkronen
Sie blicken schweigend zu mir herab
Und lachen mir dunkel zu

Die Nacht erklimmt den Himmelsthron
Und begrüßt mich mit ihrer Kälte
Begleitet von stillen Nebelfeuern
Die aus den Wiesen steigen

Die Schatten strömen schwer hervor
Und säumen meinen langen Weg
Wie ein Fluss finsterer Träume
Ein Abgrund jeder Hoffnung

Ich nähere mich dem Eisentor
Rostig braun und alt
Die Mauern nur noch Trümmerhaufen
In den Händen der Natur

Zwischen farnumspielten Engeln
Wo wilde Ranken steinern hängen
Setze ich mich einsam nieder
Denn mein Ziel ist nun erreicht

Ich atme tief und finde Frieden
Der graue Kummer fällt von mir ab
So weile ich in ewiger Ruhe
Und blicke zu den Sternen

Der rote Horizont

In des Hexers letztem Licht
Bricht entzwei des Sarges Stein
Und hüllt den Friedhofsgrund sogleich
In unheilvollen Nebelschein

Über den weiten Urnengräbern
Ragen Trauerwolken dunkel empor
Die Raben und das tiefe Grollen
Stimmen an den Jenseitschor

In den alten Mausoleumsmauern
Erklingt ein schreckliches Schauderlied
Wispernde Stimmen der Geisterwelt
Mit denen das Totenfeuer zieht

Aus den feuchten Katakomben
Kriecht gar dichte Moderluft
Das Grauen schleicht im Gewölbe
Steigt herauf aus jeder Gruft

Das Krematorium liegt umfangen
In der Schatten Leidgesang
Entsetzlich geht dieser um
Und durchflutet jeden Gang

Das brache Feld wandelt sich
Und wird zu einem Moor
Im schwarzen Wasser öffnet sich
Faulig kalt das Unterweltentor

Entleibend sinkt der Tod
Vom Mondenthron hernieder
Die Sense stark und schnell zugleich
Die Nacht soll enden niemals wieder

Bäume werden zu Knochenwesen
Welk wird jeder grüne Strauch
Dornig werden alle Pflanzen
Im verfluchten Nebelhauch

So entschläft der Hexer
Am Galgen in seinem Blut
Und träumt sich losgelöst hinweg
In die rote Feuerhorizontenglut

Die Nebelhörner

Die Trauer fließt zu mir herab
Im dröhnenden Nebelhorngesang
Abgrundschwarz und dornig
Wo sie fauchen in der Nacht

Eine Reise in den Schrecken
Tief hinein in mein Selbst
Wo blinde Träume vergehen
Und Dämonen heimlich wispern

Im Nachthirtennebel hängen
Knirschend feste Stricke
Die grimmig meinen Namen rufen
Und mich liebevoll belügen

Einsame Pfade voller Laub
Das der Herbstwind sanft vertreibt
Eine Sternennacht der Illusion
Im Tod und nicht der Ruhe

Es ist das bittere Los des Strebens
Zu einem fernen Ort
Denn ich bin gefangen
Hier im weiten Nichts

Das Lied der Finsternis erklingt
Jenseits meiner Hoffnung
Wie ein Regensturm im Sumpf
Der meinen Sinn verwäscht

Ich irre ohne Ziel im Dunkel
Es ist ein bodenloses Loch
Ich löse mich von diesen Schatten
Und die Nebelhörner werden stumm

Hoffnung in der Kälte

Winter
Du bist der Tod
Grimmig rau
Erbarmungslos
Bitterkalte Ewigkeit
Symbol der Macht
In den Jenseitstiefen
Rasende Wut
Und frostige Lust
Wildes Morden
Und Vergänglichkeit
Du bist der Pfad
Ohne Wiederkehr
Hinein ins Verderben
Die Leiche
Eines Traumes

Doch Winter
Du bist mehr
Wenn man es sieht
Wenn man es will
Du bist ein Quell
Der Gedanken
Klar und rein
Unberührt
Zart wie ein Kristall
Eine Schneeflocke
Weiß und kalt
Zerbrechlich

Hoffnung im Nichts
Ein helles Licht
In tiefer Nacht
Thron des Strebens
Ein Feuer im Herzen
Mit zauberhafter Pracht
Schönen Bildern
Und Gefühlen
Du bist der Antrieb
Hinein
In den Frühling
Fern vom Sommer
Aus dem Herbst
Das Ende
Vor dem Neuen
Die Grenze
Der Welten
Glücklos
Und glückvoll
Zugleich

In den klaren Wind

Vom Dornenschrein sinken klar
Alte Nachtlegendenlieder
Sie schweben leise zu mir herab
Und lassen mich träumen immer wieder

Sternenzauber glänzen still
Am Rand wo Blindheit keimt
Doch meine Augen blicken empor
Aus der Finsternis die mondlos scheint

Sanfte Stille nahe dem Nichts
Meine Wünsche liegen greifbar nah
Hoffnung und geköpfte Träume
Gedankenschleier sonderbar

Ich höre Melodien klingen
Aus den grimmig dunklen Weiten
Wo Wahnsinn und Schrecken auferstehen
Und frostig in die Herzen schreiten

Es geht ein bittrer Reigen um
Im fahlen Dunst der fernen Nacht
Wo am einsam knisternden Lagerfeuer
Im faulen Hauch das Unheil wacht

Jahrtausende währendes Grauen
Angsterfüllt und fürchterlich
Es züngelt hervor aus den Feldern
Und fließt einzig nur an mich

Schemenspiel und Totenlicht
Morgenmaid und Frühlingsglanz
Schattenreich und Ewigkeit
Ein zarter Kuss und Hexertanz

Sie nimmt meine Hand und ich folge ihr
Hinein in den klaren Wind
Losgelöst und frei von hier
Wo in der Dämmerung die Wünsche sind

Sandstein

Ich bin ein Felsen
Regungslos und ausgeliefert
Ein Felsen aus Sandstein
Hier in der Brandung

Das eisige Wasser bricht
Ungezügelt und wild
Es lockt mich Stück für Stück
Strebsam zu sich hinab

Ich erlebe Sonnenaufgänge
Und ich sehe den Mond im Meer
Ich betrachte den Flammenhimmel
Und die endlos vielen Sterne

Meine Kraft vergeht
Sie schwindet Tag um Tag
Denn mich hält nicht viel
Und ich weiß nicht was

Doch ich bin mir sicher
Dass ich fallen werde
Ich werde im Meer versinken
Und dort meine Ruhe finden

Vorgewitterstimmung

Fühlst Du das Gewitterkribbeln
Wie es Deinen Leib erfüllt
Spürst Du es hier auf der Wiese
Wo Zwielicht alles verhüllt

Wie mit Wasserfarben überzogen
Ja, so wirkt das Wolkenreich
Orange und rosa liegt der Schein
Völlig zart und traumesgleich

Hörst Du das tiefe Donnergrollen
Welches in der Ferne klingt
Riechst Du die reine Frische gar
Die der Sturm zu Dir bringt

Götterlichter am Firmament
Blättertanz in den Wäldern
Grüne Wogen auf den Hügeln
Wildes Rauschen in den Feldern

Schließe Deine Augen
Und nehme meine Hand
Öffne Dich der Heiterkeit
Die Dich trägt über das Land

Fühlst Du wie des Windes Macht
Jede Faser sanft durchdringt
Wie der Hauch Dir Freiheit schenkt
Und Dein Herz zum Lächeln bringt

Weite Deine Arme flügelgleich
Lasse Deine Seele schweben
Empor in die Gewitterstimmung
Wo die alten Götter leben

Der Moment soll Dich regieren
Dein Geist soll sich befreien
Die Traurigkeit soll vergehen
Und die Hoffnung soll gedeihen

So warte bis der Regen fällt
Und Deine kühle Haut berührt
Bis das Wasser Dich liebkost
Und die Natur uns verführt

Die Raben im Frost

Nackt stehe ich
Im Morgenfrost
Hier auf dem Felde

Ich friere
Meine Augen
Gleiten in die Ferne

Gedanken und Fragen
Träume
Tief in mir

Blaugraues Licht thront
Verloren
Im Trauerwolkenreich

Die letzten Winde
Leiten schneidend hinfort
Ins Nichts

Mit letzter Kraft
Bin ich entstiegen
Dem Dornenmoor

Mein Ziel waren
Efeuranken
Und das Rosenmeer

Doch nur kalter Stein
Und Einsamkeit
Öffneten sich

Die Nebelfeuer tanzen
Die Totenfeuer nagen
Grenzenlos

Das Herz
Ungebrochen
Mein Leib schwach

Ich höre den Hexer
Langsam schleichend
In meinem Geist

Die Raben
Sie umgeben mich
Am rauen Grund

Sie schauen
Kommen näher
Und schweigen

Der Moorwindtraum

Der Moorwindtraum
Winterkalt und sonnenblind
Dornenhafter Abgrund
Im verfluchten Nichts

Hinter den knochigen Bäumen
In denen die Raben sitzen
Brennt das Himmelsfeuer
Ein Flammenmeer der Götter

Eine rostige Feder
Schreibt schwarze Letter
In der Kammer aus Blut
Unter den toten Blicken

Herzen erfrieren
Auf brachen Steinen
Das Augenlicht vergeht
Im grimmen Frost

Hörner tönen grausig
Hinter wilden Nebelzungen
Blassblau verendet der Tag
Wo das Licht den Schatten weicht

Vom Totenthron sinken Träume
Verfluchte Ausgeburten
Und die Laute der Wahnsinnigen
Erfüllen die klare Nacht

In den Bergen stehen Wälder
Mit Leibern an den Stricken
Das faule Holz
Wispert von alten Legenden

Schreie verhallen
Tief in den Katakomben
Wo die Eisernen Jungfrauen
Ihre Opfer verschlingen

Die zügellose Brandung
In ihrer roten Glut
Faucht eisige Verse
Die im Wind vergehen

Der Moorwindtraum
Fließt durch das Dunkel
Ein unheilvoller Strom
Der sich im Nichts verliert

Dein Herz in meinen Händen

Wenn die Nacht sich senkt hernieder
Und Du hörst die fernen Lieder
Wenn im Wald das Unheil klingt
Und Dein Herz mit dem Abgrund ringt

Wenn kalte Berührungen Dich umgeben
Und Nebelschwaden zu Dir streben
Wenn tausend Blicke Dich anschauen
Und Dein Herz sich füllt mit Grauen

Wenn Rosenfelder faulig schwinden
Und aus dem Moor sich Leiber winden
Wenn mächtige Bäume knochig vergehen
Und an Dein Herz eisige Winde wehen

Wenn trüber Schauder Dich erfüllt
Und Deine Hoffnung in Schwarz sich hüllt
Wenn der Wahnsinn Dich leise zerfrisst
Dein Herz in meinen blassen Händen ist

Der Leuchtturmfluch

Die eisig kalten Meeresfluten
Welche an die Felsen schlagen
Sie ziehen mich zu sich hinfort
In dieser rauen Nebelnacht

Der Leuchtturm steht verlassen
Thronend hier im Regensturm
Er blickt hinaus so wie ich
Teilnahmslos ins ferne Nichts

Hörst Du auch den Steuermann
Der den alten Kutter lenkt
Siehst Du auch die blassen Hände
Die im schwarzen Wasser sind

Sie klingen deutlich in meinen Ohren
Die vielen leeren Stimmen
Tosend vom Wind zu mir getragen
Aus der wild gespuckten Gischt

Mal ein Wispern
Dann ein Stöhnen
Hier ein Schreien
Dort ein Lachen

Im mächtigen Sog der Dunkelheit
Bin ich nun gefangen
Im Abgrund meines Herzens
Wo ich mich verliere

Sie liegen irgendwo dort unten
Die ahnungslosen Seelen
Am steinernen Grund verborgen
Vom Steuermann gelockt

Die alten Mauern und das Wasser
Wissen von den Schrecken
Sie kennen das Geheimnis
Das diesen Ort umgibt

Zahllose Männer verschwanden schon
In den dichten Nebelbänken
Vom Leuchtturmfluch gepackt
Zum Sensenhieb verdammt

Der Steuermann kam einst ums Leben
Im undurchdringlichen Nebelreich
Einsam und verlassen
In einer Nacht wie dieser

Der Leuchtturm war erblindet
Der Wächter dem Rum verfallen
So nahm das Unheil seinen Lauf
Und gebar das dunkle Leid

Ich höre meinen Namen rauschen
In den weiten Jenseitsbrechern
Klänge der Vergangenheit
Treten an mein Wesen

So schreite ich voran
Furchtlos in die Wellen
Um dem Grauen zu begegnen
Das mich ereilen wird

Ich treibe in die Nacht
Und fühle die toten Hände
Ich füge mich dem Schicksal
Still und ohne Regung

Der Leuchtturm entschwindet
Langsam aus meinem Blick
Während unweit von mir
Der Steuermann sich zeigt

Ich sehe seine weißen Augen
Als er sich zu mir beugt
Seine knochig blasse Hand
Die er herab zu mir streckt

Ich möchte dem Wahnsinn entkommen
Mich willenlos ergeben
Und so lasse ich mich sinken
Friedlich hinab zum Grund

Frost und Dunkelheit

Man sich schleppt
Durch den Wald
Knirschend die Schritte
Man sucht Schutz
Hinter jedem Baum
Schneidend der Wind
Die Lunge brennt
Bei jedem Zug
Neblig die Atemluft
Das Verderben wartet
Lautlos und stark
Kraftlos der Körper

Grimme Stund

Zu dunkler Stund geht's Grauen um
Lautlos gar und totenstumm
Ein dorniges Nebelhorn erklingt
Während die Nacht vom Himmel sinkt

Wolfsgeheul im fahlen Moor
Finstrer Glanz am Dornentor
Augen fern am Sternenzelt
Losgelöst vom Schmerz der Welt

So spricht's zu mir mit dunklem Hohn
Leis' herab vom Nebelthron:
„Menschenkind hörst Du nicht
Wie das Leben in Dir bricht"

Aus dem Sumpfe steigt die Wut
Jene leere kalte Glut
Deren Weg das Unheil ist
Und welche wild die Stille frisst

Die Klauen zerren mich hinfort
In den Nebel an den Ort
Wo ich dann verenden werde
Tot verscharrt in fauler Erde

Die saftig grünen Frühlingswälder

Ich treibe ziellos hinaus
Hinaus auf das Dornenmeer
Doch die Götter leiten meinen Weg
Sie sind im Herzen nah bei mir

Das Knochenfloß liegt umfangen
Im kalten Nebelfeuerreigen
Die Klagelieder all der Blinden
Dringen zu mir aus den Weiten

Die Stimmen flüstern zu mir
Berichten von all den Seelen
Die verloren und ohne Kraft
Im zeitlosen Nachtwind vergehen

Ich sehe Totenlichter tanzen
Fahler Schein nahe dem Nichts
Wie Irrlichter im fernen Moor
In des Wahnsinns Angesicht

In meiner Lunge brennt gar rau
Das Totenfeuer eisig kalt
Doch ich ertrage es voller Stolz
Mitten hier im Galgenwald

Irgendwann offenbart sich dort
Vor mir tief in den Nebelfeldern
Das Ende meiner langen Reise
In den saftig grünen Frühlingswäldern

Ich schreite an das ersehnte Land
Und fühle das weiche Moos
Der Sonnenglanz sinkt zu mir herab
Und begrüßt mich mit einem Kuss

Hoch oben in den Hirtenkronen
Wispern die Blätter meinen Namen
Völlig sanft und herzensrein
Der Mond hat ihn verraten

Ich fühle die Weisheit
Und sinke auf der Lichtung nieder
Um mich dem Schicksal zu ergeben
Und höre die alten Hoffnungslieder

„Die Wahrheit ruht in Dir
Du hast sie erkannt
Das warme Licht der Ewigkeit
Hat die Lügen in Deinem Herz verbrannt"

Ich schließe meine Augen
Und löse mich von meinem Sein
In den saftig grünen Frühlingswäldern
Vergehe ich im Sonnenschein

Vom Lichte

Ewige Nacht ohne Tag
Überall Frost und Eis
Nur gähnende Leere
Die vom Lichte nichts weiß
Regen fällt herab
Nebel zieht umher
Kreischendes Rauschen des Windes
Lichte ist zu sehen nimmermehr

Blick ins Nichts

Ich hocke hier
Stumpfsinnig und abwesend
Völlig regungslos
Ich schaue in die Dämmerung
Und starre ins Nichts
Wie verträumt
Aber mein Kopf ist leer
Leer wie mein Blick

Die Wolken sind glatt
Ohne Form
Aber ihre Farben
Sind ein schönes Spiel
Kaltes blasses Blau
Und leichtes Rosa
Die ganze Welt
Unter einem zarten Hauch
Von Lila

Ich habe die Wolken gesehen
Auf meinem Weg
Sie sind Erinnerung
Ich könnte aufsehen
Sie nochmals betrachten
Aber ich möchte nicht
Ich möchte nur starren
Hinein ins Nichts
Das vor mir liegt
Nah und doch fern

Fern und doch nah
Ich möchte die Ruhe fühlen
Die mich umgibt
Den Augenblick kosten
Teilnahmslos und still
Außen und im Geist

Die Welt fließt
Langsam durch meinen Körper
Sie durchströmt mich
Mit Frieden

Es wird dunkel
Die Nacht zieht auf
Und ich erkenne
Dass es so ist
Und so bleibt
Gleich was ich tue
Die Welt vergeht
Mit mir
Und ohne mich
Ich könnte laufen
Doch sie niemals halten
Dieser Gedanke
Er nimmt Kummer
Denn es gibt nur den Moment
Einsam
Im Feld
Hier am Wegesrand

Das Wispern aus dem Dunkel

Leise
Schweige und lausche
Höre von den Wäldern
Wo die Leiber ruhen
Leiber wie Du
Alt und jung
Die kleinsten nur ein Jahr
Im harten Grund
Im Frost der Nacht

Die Finsternis
Lautlos und grimm
Hat sie alle geholt
Garstig gelockt
Hinein ins Nichts
In die Nebelfeuer
Die in den Wäldern brennen

Viele Legenden ranken sich
Um das feuchte Laub
Dort draußen
Doch die Wahrheit
Ist noch dunkler
Von Wahnsinn besudelt
Sind die Bäume
Und in ihren Kronen
Hing so manche Seele
Arm und verlassen
Glücklos und verdammt

Sie alle wurden verführt
Von lieblichen Düften
Bezaubernden Klängen
Und sanften Berührungen
Doch geblendet wurden sie
Von tiefen Wünschen
Und ferner Hoffnung

Der Wind flüstert
Dass sie kamen
Wie Motten
Ans nächtliche Kerzenlicht
Wie dumm sie doch waren
Das Leben verwirkt
Für nichts
Nur Qual und Leid
Denn im Herbstwindreich
Liegt kein Frieden
Auch nicht im Tod
Nur das Grauen
Von Tausend Jahren
Und der Ewigkeit

Tränen wurden geweint
Wo Rosen blühen
Und Blut floss
Beim Dornengeflecht
Schreie erstickten
Im faulen Schlamm
Und Leben vergingen
Im Totenfeuer
Sie waren und sie sind
Verfluchte Wesen

Warum ich Dir das sage?
Ahnst Du es nicht?
Sieh Dich um
Kannst Du mich sehen?

Sei Dir gewiss
Auch Du wirst mir folgen
Folgen in den Wald
Und sterben

Das Nebelmeer

Seit Ewigkeiten treibe ich schon hier im Kahn, liege auf dem alten Holz und blicke nach oben ins graue Nichts der wabernden Nebelschwaden, die sich nach allen Richtungen hin scheinbar endlos weit erstrecken. Ich höre das Plätschern des Wassers an den Planken und deren leises Knirschen, während die Wogen mich mit ihrem sanften Spiel schaukeln lassen. Aus der Ferne ertönt immer wieder der tiefe und unregelmäßige Klang verschiedener Nebelhörner, deren Ursprung sich unentwegt zu ändern scheint; den Grund dafür kenne ich nicht, aber die Richtungen wechseln so schnell, dass es ausgeschlossen ist, dass es an der Bewegung des Bootes liegt.

Rundherum bietet sich mir das gleiche Bild, ohne auch nur einen einzigen Anhaltspunkt, was es zusammen mit der Strömung unmöglich macht, einen bestimmten Weg einzuschlagen und auf Kurs zu bleiben. Aus diesem Grund habe ich irgendwann entschieden, mich hinzulegen, um meine Kräfte zu schonen und mich etwas vor der auf Dauer nagenden Kälte des leichten Windes zu schützen. Mir bleibt keine andere Möglichkeit, denn selbst wenn ich die Ruder wieder ergreifen würde, würde sich mir nur weitere Ungewissheit eröffnen, der ich nicht entrinnen kann. Es ist besser, wenn ich warte, bis sich der Nebel gelichtet hat, und ich weiß, wo ich mich befinde, in der Hoffnung, nicht zu weit von dem abgetrieben zu sein, von dem ich nicht einmal sagen kann, was es ist.

Während ich hier liege und sinne, kann ich entscheiden, wie ich vorgehen werde, wenn ich den blauen Himmel wieder über mir erblicken kann. Und ich kann mir Geschichten ausdenken, um mich vom Wahnsinn abzuhalten, der diesen Ort umgibt; denn dieser Ort ist in mir.

Das Totenfeuer

In mir tief dort liegt der Schein
Reiner als der Mond im Meer
Knöchern weiß vergeht das Leben
Trauerlieder klingen schwer

Bist Du gefangen in den Klauen
Welche trägt der Frost zu Dir
Fürchte nicht den Hexerblick
Öffne Dich und folge mir

Die Nebelfeuer züngeln grau
Sie säumen Deinen Weg
Aus dem Tage in die Nacht
Wo das Leiden nie vergeht

Schlafe dort im Frühlingswald
Bei den weisen Alten
Schließe Deine Augen nun
Ich werde fest Dich halten

Lausche sanft den stillen Worten
Die Moos und Farn verkünden
Deine Hoffnung ist schon tot
Du wirst bereuen Deine Sünden

Einsamkeit sie ist der Pfad
Der Dich leitet an Dein Herz
In Ewigkeit wirst Du brennen
In Deiner Seele Feuerschmerz

Im Wunderkleid der Natur
Wird die Blindheit alsbald Dein
Zum Dornengrund wirst Du sinken
Faulig kalt und sonnenrein

Dein Gehör es wird verdorren
Dein Mund er wird sich schließen
Dein Geist wird zu einer Gruft
Wo des Wahnsinns Ranken sprießen

Aus Deinem Haar wird ein Strick
Der dann hängt im Galgenwald
Wo flüsternd ferne Winde wehen
Grimmig rau und furchtbar kalt

So wirst auch Du ein Rächer sein
Henker wilder Sünden
Doch Deine Qual wird nie vergehen
Und Du wirst verkünden:

„Ein Entkommen gibt es nicht
Die Götter sind mit mir
Denn ich bin das Totenfeuer
Und lodere eisig tief in Dir"

Blick zu den Sternen

Ich beobachte schon seit Stunden
Und sah die Sonne untergehen
Doch selbst im tiefen Dunkel
Kann ich neben Schrecken Frieden sehen

Ich blicke zu den hellen Sternen
Die ewig da am Himmel sind
Die mir Kraft und Ruhe schenken
Wenn die Hoffnung still entrinnt

Sie zeigen mir die Schönheit
Einen Moment in dem ich lebe
Doch sie können mir nicht verraten
Was es ist wonach ich strebe

Die Schönheit in der Sehnsucht

Ich sehe wie die Wolken brennen
Und ich höre den leichten Wind
Es ist die Ruhe in meinem Herzen
Die mich losgelöst umspielt

Ich rieche die reine Erde
Alte Nadeln und feuchtes Laub
Und ich erkenne die Erinnerungen
Im sehnsuchtsvollen Zeitenstaub

Blätterregen und Blättertanz
Ein zauberhaft weiches Spiel
Der Wind treibt das Laub davon
Völlig heiter und auch kühl

Eichhörnchen verstecken sich
Vögel zwitschern in den Kronen
Während Herbstwindschatten ziehen
Und über der sanften Stimmung thronen

Es gibt so viele schöne Dinge
Dic ich sehe und die ich sah
Und doch sehne ich mich weiter
Tief hinab in mein Grab

Der Fluch

Spreche den Dorn
Worte der Nacht
Flüstere sie
An mein Herz

Dem Wahnsinn verfallen
Im Wald der Angst
Rastlos
Und voller Grauen

Gesang der Maiden
Fern im Moor
Entsetzlicher Laut
In meinem Geiste

Zahllose Augen
Im Totenfeuer
Gesichtslose Ewigkeit
Im Nebel

Leises Wispern
Aus dem Brunnenstein
Moosbedeckt
Im feuchten Nichts

Kalter Regen
Fällt auf meinen Leib
Fern hier
Im nassen Laub

Der Wind
Ein fauler Hauch
Unheilvoll
Aus dem Galgenreich

Der Hexer
Schleichend
Nicht tot
Irgendwo im Wald

So spreche den Dorn
Worte der Nacht
Flüstere sie
An mein Herz

Letztes Sonnenlicht

Die Körper kühlen aus
Die Gedanken werden grau
Die Freude des Sommers weicht
Die lange Dunkelheit rückt an

Man erwartet den Winter
Man vermisst den Sommer
Man wird nachdenklicher
Man beginnt zu frieren

Die Bäume werden kahl
Die letzten Sonnenstrahlen wärmen
Die Natur wird ruhiger
Die Nächte werden länger

Man sehnt sich nach Wärme
Man wartet auf den Sommer
Man genießt die letzten Momente
Man verbindet sich mit dem Grau

Wie ein fauler Traum

Der Himmel brennt in Wolken
Gelbe bis rosa Töne
Sanft und hart
Auf dem eisigen Blau
Hoch dort oben
Weicher Dunst
Und raue Flammenberge
Am Horizont
Und über mir
Wie ein Feuerhauch
Atem gigantischer Drachen
Und fallende Lanzen
Voller Glut
Ein zartes Spiel
Zerbrechlich und betörend
Vereint mit dem Wind
Der frostig weht
Ohne einen Laut
Er lässt mich schaudern
Und treibt den Tag
In die Arme
Der klaren Nacht
In der Ferne
Verschwinden die Hügel
Die dunklen Fichtenwälder
Und die graublauen Wiesen
Im blassen Nichts
Unter dem Meer
Der eisigen Lichter

Und diese Schönheit
Sie spendet Ruhe
Tief in mir
In meinem Herzen
Und lässt mich atmen
Gedankenlos
Ohne Kummer
Und frei
Nur ich und der Abend
Die Natur
Man kann sinnen
Über so viele Dinge
Und alle sind schwach
Weniger dornig
Kaum greifbar
Denn sie sind weg
Vom Jetzt
Verwaschen
Wie der Mond
Im Nebeldunst
Wo die Sonne war
Ich kann ihn sehen
Irrlicht der Gottlosen
Heim der Liebenden
Doch die Stille
Der Frieden in mir
Ist nur Trug
Denn das Geräusch
Das mich umgibt
Dieses Knirschen
Tief und ächzend
Es lässt mich nicht los

Ich muss ruhig bleiben
Darf mich nicht verlieren
Denn sonst fällt er
Der Pfahl unter mir
Auf dem ich stehe
Seit dem Erwachen
Des ersten Morgenlichtes
Die Schlinge
Würde sich schließen
Und ich würde sterben
Langsam
Mit meinen kalten Händen
Auf dem Rücken
Und mein Strick
Selbstgeknüpft
Er würde fauchen
Wispern zu den anderen
Und mein Leib
Er würde sich bewegen
Schlaff und leblos
Leicht im Wind
Zwischen den anderen
Die der Pfahl verließ
Hier oben
Auf dem großen Berg
In den Weiten
Im finsteren Reich
Im Galgenwald
Denn auch ich bin verdammt
Schwarz Verflucht
Bis in die Ewigkeit
In einem faulen Traum

Die schwarze Kammer

Aus der schwarzen Kammer
Wo unerzählte Dinge hausen
Fließen nachts dunkle Schwingen
Und lehren mich das Grausen

Jenseitsblicke erahnen mich
Wenn ich an der Türe stehe
Wenn ich den Flur betrete
Und zum anderen Ende gehe

Was nur trug sich darin zu
Vor vielen vielen Jahren
Vor was nur will mein Innerstes
Mit Schauder mich bewahren

Ein Raum wie jeder
Doch voll finsterer Kraft
Gleich einem Jenseitstor
Das im faulen Walde klafft

Gänsehaut ist mein Begleiter
Auch beim seichtesten Gedanken
An die unheilvolle schwarze Kammer
Um die sich Schreckensbilder ranken

Rostig alter Stahl
Feuchter kalter Stein
Zuckend vergehende Leiber
Des Wahnsinns trüber Schein

Ungesehen scheint die Tiefe
Aus der das leere Nichts her steigt
Doch deutlich kann ich fühlen
Was sich an meinen Nacken neigt

Verborgen bleibt das Geheimnis
Der vergangenen Begebenheiten
Die schwarze Kammer hütet es
Verflucht bis in alle Zeiten

Ein Licht im Schneegestöber

Verliere Dein Herz
Im kalten Grund
Im rauen Frost
Der brachen Felder
Denn
Oh Hoffnung
Du bist doch nur so fahl
Wie ein Licht
Im Schneegestöber

Totentanz

Wenn in der Nacht unheilvoll
Aus dem Moor die Wölfe klingen
Wenn Wirklichkeit und Phantasie
Mit dem Wahnsinn in Dir ringen

Wenn Nebelhörner im grauen Nichts
Abgrundtief Deinen Namen hauchen
Wenn raue Winde und Regentosen
Dunkle Worte zu Dir fauchen

Wenn im Gewittergrollen schauderhaft
Grausige Lieder zu Dir dringen
Wenn lange Schemen fürchterlich
Das Geisterreich zu Dir bringen

Wenn Geräusche aus dem Wald
Unergründlich schrecklich wispern
Wenn Hexerflüche totengleich
Im warmen Feuer leise knistern

Wenn diese Dinge bei Dir sind
Hüte Dich so gut Du kannst
Verlasse keinesfalls das Haus
Denn der Tod ist es der draußen tanzt

Die letzte Schlacht

Götterhass und tote Menschen
Lichterschein im Nebeltanz
Grüne Wälder und Tau der Nacht
Reine Stille im Sternenglanz

Klare Wasser voller Leben
Buntes Lächeln der Natur
Vogellieder in den Hainen
Gebrochene Schädel im tiefen Moor

Sonne, Sonne scheine mir
Gib mir doch die Kraft
Trage mich aus dem Dunkel
Das in meinem Herzen klafft

Schrecklich finster ist die Welt
Voller Fluch und Bitterkeit
Grimmiger Wahnsinn der zerfrisst
Und Verzweiflung bis in alle Zeit

An einigen Orten jedoch lebt
Noch immer dieser zarte Traum
Ungesehen von den Augen
Hoch dort oben im Blättersaum

Schmetterlinge küssen Blüten
Gräser wachsen aus den Knochen
Längst vergangen sind die Feuer
Die nach Leid und Wut nur rochen

Dummer Mensch Du bist nur Pest
Ein fauliges Geschwür
Mögen Dich die Götter strafen
Die ich in den Krieg Dir führ'

Viele fanden schon den Lohn
So wie es sollte sein
Doch der Kampf ist nicht vorüber
Es wird fließen roter Wein

Blasse Leiber auf den Feldern
Starr gefroren am harten Grund
Sie sehen nicht die Dämmerung
Nur des Winters tiefen Schlund

Es sind noch viel zu viele
Zu groß ist die Gefahr
Ersticken muss das Übel
Das der Irrsinn uns gebar

Jahreszeiten, Wind und Regen
Folgt mir in die letzte Schlacht
Lasst uns alle Menschen töten
Auf dass Frieden bald erwacht

Götter bitte hütet Euch
Lasst es nicht wieder geschehen
Dass ein Mensch die Welt erblickt
Ich kann es nicht mehr sehen

Mögen bald die Wiesen blühen
Und Bäche wieder sauber fließen
Und mögen selbst aus den Gräbern
Blumen kräftig heiter sprießen

Das Dunkel in den Märchen

Dornenumrankt liegt der Sarg
Im Waldmoos der klaren Nacht
Ihr Hirte scheint völlig sanft
Auf die verstorbenen Träume hinab

Ein Wind streift die Kronen
Die da wispern alte Sagen
Ans Herz all der Unschuldigen
Der im Wald verlorenen Knaben

Kinder, Kinder die Nacht ist mein
Folgt nur mir der Angst
Finsteres Grausen überall
In den Wipfeln an jedem Ast

Ich raube Euch den Schlaf
Ich nehme Euch die Ruhe
Ich jage Euch in Eueren Träumen
Auf Euerer aussichtslosen Suche

Ich bin das wovor man warnt
Das Dunkel in den Märchen
Ich lebe in erzählten Worten
Ihr könnt Euch nicht verbergen

Hört es tief in Euch
Das unergründliche Lachen
Seht den geisterhaften Tanz
Der langen schwarzen Schatten

Ich locke Euch hinaus ins Nichts
Aus Eueren warmen Häusern
Hinfort ins tiefe Totenmoor
Hinter den Knochendornensträuchern

Wenn im Morgensonnenschein
Die Nacht vergeht dann irgendwann
So weiche ich auch unbemerkt
Wie ich am Abend heimlich kam

Seid Euch alle nur gewiss
Ich werde Euch noch greifen
Denn die Finsternis wird wieder kommen
Und mit ihr grimme Zeiten

Vom Frost

Kalt verglüht die Wintersonne
Tieforange am Horizont
Im Himmelsmeer aus klarem Eis
Wo der Tag langsam erfriert

Die kargen Hügel liegen blass
Im reinen Frost der Stille
Trostlos weit entfernt
Vom heiteren Licht der Freude

Meine Hoffnung auf das Glück
Verendet am harten Grund
Das blutgetränkte Wasser
Wird zu Eis auf meiner Haut

So stehe ich verloren
In der rauen Einsamkeit
Völlig erschöpft und nackt
Im endlosen Reich des Nichts

Mein starrer Leib wird taub
In den Totenfeuerflammen
Sie nagen an meinen Kräften
Und verzehren mein leeres Leben

Mein nasses Haar wird fest
Meine Augen durch die Kälte blind
Ich sinke auf die Knie
Während das Eis leise bricht

Mein letzter Atemzug
Hebt die Sterne zum Firmament
Und ich vergehe ohne Schmerz
Umarmt von der hellen Nacht

In den Nebelwäldern

Einsam und verlassen
Irre ich umher
In den nebelfeuchten Herbstlaubwäldern
Ohne Hoffnung auf Wiederkehr

Die Nebelfeuer folgen mir
Unheilvoll und trugbildgleich
Dornenumrankt bebt mein Herz
Verloren hier im Geisterreich

Meine schweren Schritte leiten mich
Mit letzter Kraft den Berg empor
Ich sah den Schrecken zügellos
In kalten Nächten und im tiefen Moor

Das leise Jenseitswispern
Welches erklingt in den Bäumen
Der Fluch meines Geistes
Der Abgrund in meinen Träumen

Die zahllosen Legenden
Die diesen Ort umgeben
Getränkt mit altem Grausen
Wahrheiten aus so manchem Leben

Grabsteinwald und Nebeltraum
Dornengruft und Jenseitsklang
Sensenstahl und Totenlicht
Rosenfeld und Moorgesang

Die Nacht erklimmt den Thron
Der graue Trauerschein vergeht
Der verregnete Herbstwindtag erlischt
Während das Grauen zu mir strebt

Zwischen den alten Galgenbäumen
Nagt der kalte Wind an mir
Und ich fühle die dunklen Schemen
Unter deren Blicken ich erfrier'

Ich möchte den Nachthirten erblicken
Der irgendwo dort oben ist
Doch bin ich gefangen in dem Spiel
In dieser teuflisch wilden List

Schwäche umklammert meinen Körper
Immer fester packt sie mich
Das Erdreich öffnet seine Tore
Und lockt mein Herz hinab zu sich

Dem Wahnsinn verfallen
Ziellos und ohne Licht
Sinke ich in das faule Laub
Während das Leben in mir bricht

Kleines Lächeln

Das kleine Lächeln
Tief im Sonnenschein
Hier auf dieser Wiese
Es wärmt mein Herz
Auch wenn ich weine

Durch den kühlen Tau
Schwindet nichts
Die Hoffnung bleibt
Tränen können trocknen
Hier im Morgenwind

Der neue Tag
Küsst behutsam mein Gesicht
Ich stehe lautlos hier
Und fühle leicht
Dass der Schmerz vergeht

Darf ich denn träumen

Ich träume
Immer wieder
Vom Galgenwald
Weit und finster
Wo die Leiber hängen
Endlos
Bis zum Horizont
Bis hinter den Nebel
Jenseits von Tag und Nacht

Nur die Stille
Im leichten Wind
Mein Herz
Verloren
Das Knirschen
Der Strickgesang
Das Lachen der Toten
Ein Flüstern
Nebelstimmen
In meinem Kopf

Der Grund
Nur brauner Schlamm
Aus dem die Hölzer ragen
Nass und kalt
Ohne Leben
Pfützen
Tief und faul
Im Nieselregen

Im leichten Schnee
Der lautlos fällt

Ich frage mich
Ob irgendwann
Der graue Himmel
Erstrahlt
Sonnig und heiter
Blau
Ob Gras wächst
Und Farn
Kräftig und grün
Wie ein Teppich
Wogengleich im Wind
Frisch gereinigt
Vom kurzen Regenschauer
Tief erfüllt
Vom bunten Duft
Zahlloser Blüten
In allen Farben
Und Formen
Ich frage mich auch
Ob eines Tages
Ranken spießen
Farbenfroh
Empor am Holz
Und die Leiber verhüllen
Bis sie vergehen
Mit den Schrecken
Funkelnd
Im Morgentau
Und Frieden erwacht

Wird die Ruhe leben
In den Liedern
Im Gesang der Vögel
Im Flug
Der Schmetterlinge
Im Plätschern
Der Bäche
Klar und sanft
Wird sie leuchten
Am Sternenhimmel
Glänzen
Im Schein des Mondes
Und ziehen
Im Wind

Darf ich denn träumen
Hoffen
Und mich sehnen
Nach Heiterkeit
Hier
Im Wald
Den Stimmen lauschen
Mir wünschen
Dass im Nichts
Das Grau vergeht
Und das Nichts
In einem Lächeln

Darf ich denn träumen
Von Chaos und Leid
In meinen Worten
Nimmst Du meine Hand

Fest
Und doch zart
Führst Du mich
Losgelöst
Hinfort
Galgenwald
Galgenwald
Hirte meiner Phantasie

Schattenlied

Was die Nacht zu mir flüstert
Was sie singt und was sie wispert
Was da dringt aus dem Wald
Schattengehüllt und finsterkalt
Was da leise faucht und spricht
Was dort lebt fern vom Licht
Was der schwere Nebeldunst bedeckt
Und der blasse Knochenmond erweckt
Was mich sieht mit seinen Blicken
Was mein Herz lässt fast ersticken
Was mich verfolgt ohne Laut
Und was verbirgt vor dem mir graut

Was ist es nur für eine Macht
Die mich umspielt in dieser Nacht
Die mich langsam zu sich lockt
Und plötzlich in meinem Geiste hockt

Vierfaltigkeit

Die frühlingskühle Morgenmaid
Ruht im Wogenmeer zur Sommerzeit
Sie hütet stolz den alten Herbstwindeid
Den Totentraum im Winterkleid

Zwiegespräch am stillen See

Ich höre es in der Dunkelheit
Wo es den leisen Wind durchzieht
Ich vernahm es schon sehr oft in mir
Dieses wispernd gehauchte Klagelied

„Einsamkeit, Du sei mein Glück
Wenn die Welt mich bezwingt
Einsamkeit, Du sei mein Fluch
Wenn mein Herz im Nichts ertrinkt"

Viele Stürme haben schon
Mit ihrem Klang die Nacht zerbrochen
Aus deren fernen Galgenwäldern
So mancher Traum war tot gekrochen

Im Angesicht des großen Mondes
Gelbrot und wahrlich sonderbar
Stehe ich einsam und verloren
Am stillen See wo ich oft schon war

Ich blicke in den Spiegel
Das zweite Bildnis dieser Welt
Wo ich wortlos im Mondschein sitze
Gebettet in den Glanz am Himmelszelt

„Versuche Dich zu lieben
Auch wenn alles herzlos fühlt
Und trockendorniges Rosengeflecht
Brechend schwer Deine Adern spült"

„Du träumst vom Tod am Baum
Leblos blass am festen Strick
Doch ich sage Dir mit Ehrlichkeit
Es gibt Hoffnung in Deinem Blick"

„Du wärst so gern ein Schatten
Leicht wie im Herbst das Laub
Und Du würdest gerne tanzen
Wie im Sonnenlicht der Staub"

„Ich weiß doch nicht wohin ich soll
Es wiegt nichts schwerer als der Sinn
Die Trauer dass er verloren ist
Und ich nicht weiß wer ich bin"

Ich liege körperlos und schwach
Irgendwo am dunklen Grund
Ich fühle zwar die Nacht bei mir
Doch bin ich nicht zu dieser Stund

„Vielleicht sind Worte nur Dein Sein
Gedanken und Gedichte
Phantasien aus der Finsternis
Und Zeilen aus dem Lichte"

„Doch bitte Stimme höre
Vielleicht ist da nur Leere
Bitternis und brache Felder
Grauer Schein und Trauerschwere"

„Die Einsamkeit sie wird Dein Fluch
Wenn die Welt Dich bezwingt
Die Einsamkeit sie wird Dein Glück
Wenn Dein Herz im Nichts ertrinkt"

Mit diesen Worten schweigt das Bild
Das sich spiegelt vor mir dort
Und ich weile bis zur Dämmerung
Nachdenklich an diesem Ort

Hoffnung

Ich steige auf
Auf aus den weiten Wäldern
Empor in die frische Luft
Hinfort in die Ewigkeit

Schmetterlinge in meinem Bauch
Meine Lungen füllen sich
Ich bin leicht
Und frei

Ich bin wie ein Vogel
Losgelöster Sommerwind
Ich tanze auf dem Sonnenlicht
Denn ich habe Hoffnung

An einem lauen Nebelmorgen

Am trüben Nebelufer
Am welken Wiesenmeer
Ruht der kalte Sumpf
Mit seinen grauen Dornen
Eine zarte Maid
Mit langen schwarzen Haaren
Blass und weiß gekleidet
Wandelt dort verloren

Ihre nackten Füße
Tragen sie völlig sanft
Schritt für Schritt
Hinein ins Moor
Der feuchte Grund
Umspielt sie weich
Lockt sie näher hin
Zum alten Jenseitstor

Zahllose Dornenranken
Erheben sich
Und streben lautlos finster
An ihren Leib
Das Blut streichelt
Die kühle Haut
Und nimmt den Frieden
Von der Maid

Ein Schauder
Setzt sich schwer
Mich erdrückend
An mein Herz
Das stolze Wesen
Schwindet im Moor
Mit erhobenem Haupt
Wie ein Blatt im Herbst

Sie lächelt
Zu mir herüber
Der da steht
In Einsamkeit
Ich sehe sie an
Und fühle tief
Die warme Ruhe
Die in mir weint

Ich lächle zu ihr
Ein letztes Mal
Bevor im Nebelfeuer
Sie vergeht
Ich verweile still
Und atme tief
Bis der erste Sonnenstrahl
Sanft an mein Auge strebt

Die silberne Vogelfeder

Es gibt ein Reich fern von hier
Wo oftmals ich mich still verlier'
Wo es immergrüne Wälder gibt
Und Nebel oft das Licht besiegt
Auch Rosenfelder liegen dort
Leblos trüb und verdorrt
Karge Weiten aus hartem Stein
Spiegelbilder und schwarzer Wein

Auf einer Ebene kalt und rau
Zwischen Dornenranken tot und grau
Steht ein Turm im Efeukleid
Ohne Tür und Tor seit alter Zeit
Über Hundert Mann hoch oben
Wo frostige Winde zügellos toben
Gibt es ein verlassenes Kämmerlein
Immer behütet von Mondlicht und Sonnenschein
In diesem Zimmer sitze ich
Und denke meistens fürchterlich
Plage mich mit vielen Dingen
Die Trauer zu meinem Herzen bringen
Leider sind die Fenster dort zu klein
So dass ich mich nicht kann befreien
Der letzte Schritt bleibt mir verschlossen
Als wäre er in Stein gegossen
Ich kann den Abgrund zwar deutlich sehen
Doch kann ich nicht im Wind vergehen
Ungehört bleibt all mein Klagen
Mein Hoffen, Bangen und mein Zagen

Ich sitze dort am Tisch aus Holz
Mutlos oft doch auch stolz
Und blicke in die weite Ferne
Wo Nebelfeuer sind und nachts die Sterne

Die silberne Feder schreibt mit Blut
Mit Einsamkeit und bittrer Wut
Sie füllt Blätter mit meinen Worten
Die unten im Turm sich raumhoch horten
Vor dem Wahnsinn schützt sie mich
Der nach oben strebt so fürchterlich
Sie hält die Hoffnung tief in mir
Auch wenn im Dunkel ich mich verlier'
Sie gibt meinem Leben einen kleinen Sinn
Wodurch ich nicht völlig verloren bin
Doch nichts kann mich ewig halten
Denn das flackernde Licht wird erkalten
Vielleicht nicht heute oder morgen
Erfüllt mit Fröhlichkeit oder Sorgen
Vielleicht gewollt oder nicht
Irgendwann mein Leben bricht
Eines aber weiß ich ganz genau
Dass mein Dasein sinnlos wird und grau
Wenn die Worte nicht mehr fließen
Sich auf das Blatt nicht mehr ergießen
Dann würde ich die Feder nehmen
Und endlich erfüllen mein tiefes Sehnen
Ich würde müde zu Boden sinken
Und von meinem Blute trinken
Ich würde mich niederlegen um zu sterben
Denn alles läge dann in Scherben

Doch solange ich noch schreiben kann
Hält sie mich in ihrem Bann
Ich hoffe der Tod hat es nicht eilig
Denn die silberne Feder ist mir heilig
Sie ist mein Dolch und mein Licht
Auch wenn sie mir ins Herze sticht
„Die letzte Wahl liegt bei mir
Und silberne Feder nicht bei Dir"

So bin ich gefangen in meinem Geist
Der oft zum Turm der Dornen reist
Ich schreibe wie rosarot und brennend gar
Am Morgen die kalte Nacht den Tag gebar
Von Sümpfen, Angst und Herbstwindtanz
Doch auch von Sonne, Glück und Sternenglanz

Wie ein Hauch von Traurigkeit

Galgenwald

Galgenwald, Du bist mein Heim
Galgenwald, Du bist mein Reich
Galgenwald, Du bist mein Traum
Galgenwald in Ewigkeit

Wald
Sei das Feuer meiner Träume

Sei das Feuer meiner Angst